折れない自分をつくる　闘う心

村田諒太

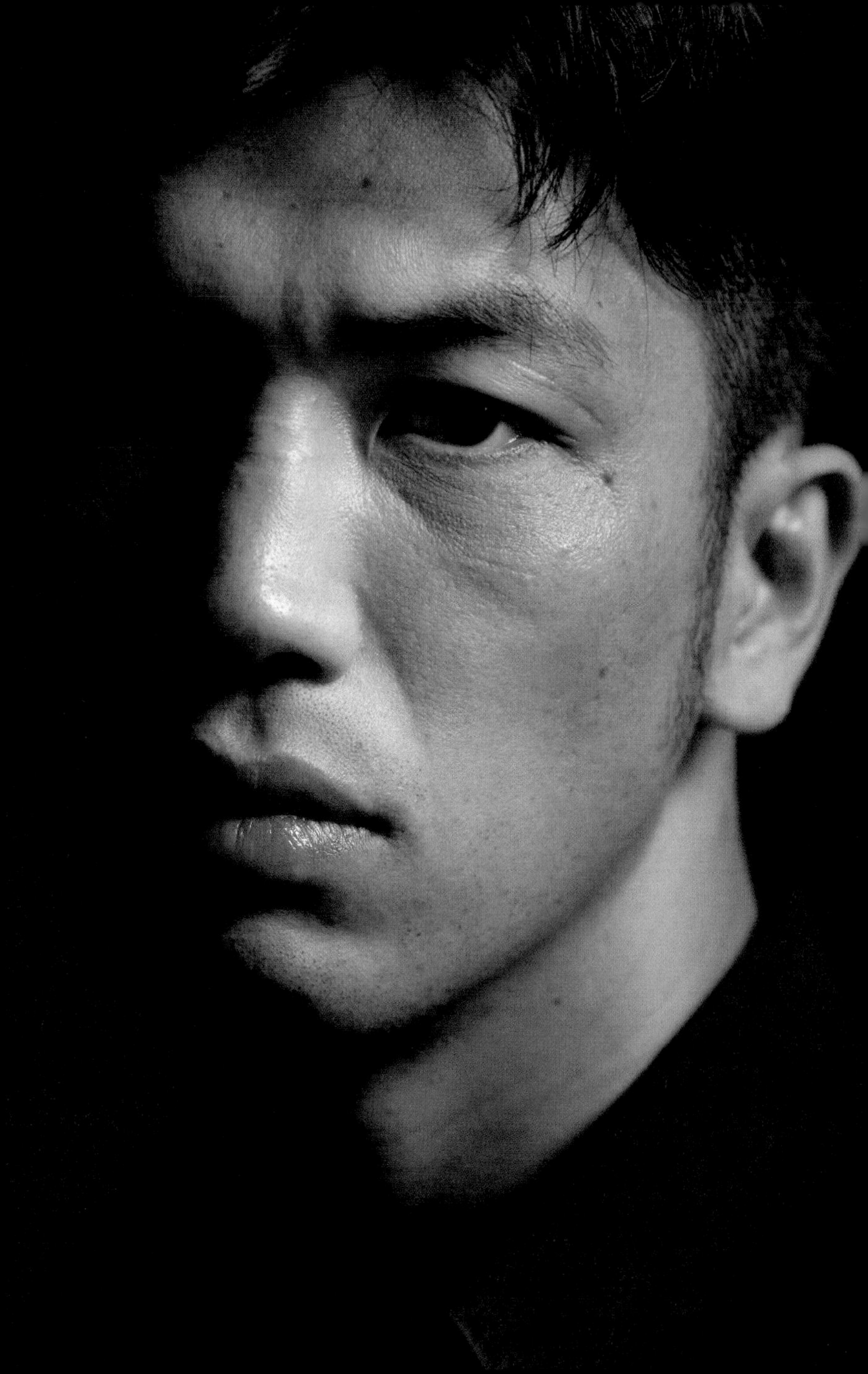

僕がやってきたのは自己肯定感を得るための旅であり、
ボクシングはそのための一番のツールだった。

まえがき

37年の人生のうち、20年以上もボクシングとともに生きてきた。もし、ボクシングに出会えていなかったら今ごろどんな人生を送っていたのかと考えると、少し怖くもなる。人生を懸けて打ち込めるものを見つけられた自分は幸せだった。

オリンピックの金メダルも世界チャンピオンのベルトも誇れる勲章だが、ボクシングを通じて人生を学んだことが最大の財産だ。強い相手、厳しい練習、つらい減量。ボクシングは常に恐怖や苦しみと隣り合わせのスポーツである。己の弱さと甘さを突きつけられ、現実を受け入れたうえで、折れない自分と闘う心をつくり上げる。そんな人間的成長のツールが、僕にとってのボクシングだった。

ラストファイトとなった、昨年4月のゲンナジー・ゴロフキン（カザフスタン）との一戦は、村田諒太という人間とその生き方が凝縮された闘いだった。スポーツ心理学者の田中ウルヴェ京さんのサポートのもと、ゴロフキンという強豪の向こうにいる自分と向き合い、もがき続けた。その半年間をまとめた本書は、人間・村田諒太の弱さや醜さまでさらけ出した真実の記録だと思っている。

人間誰しも迷いや葛藤を抱えながら生きている。これからの僕の人生もずっとそうだろう。人に言えない弱さを自覚したとき、人間は孤独を覚えがちだ。でも、弱くない人間などいない。この本を読んで、少しでも心が軽くなり、人生と向き合う気持ちになってもらえたら幸いである。

２０２３年3月28日　村田諒太

目次

取材協力 田中ウルヴェ京
小曽根廣一（小曽根マネージメントプロ）
編集協力 山口大介（日本経済新聞社）
プロデュース 大渡博之（K2SM）
渡邊嶺
デザイン 植草可純、前田歩来（APRON）
撮影 望月 孝（BIFE pictures）
スタイリング 松野宗和（MMJ）
ヘアメイク 斎藤ちかこ
本文ＤＴＰ エストール
校正 鷗来堂
編集 大澤政紀（KADOKAWA）

第1章

激闘

2022年4月9日

激動の2022年もあと10日余りで終わろうかという12月下旬、僕はノートパソコンのモニターに映し出された自分の姿を見つめていた。

およそ8カ月前、ゲンナジー・ゴロフキン（カザフスタン）と戦ったWBA（世界ボクシング協会）・IBF（国際ボクシング連盟）世界ミドル級王座統一戦の試合映像。この本を書くために、改めて見返そうと思ったのだ。試合の映像をフルラウンド見るのは、これが2度目のはずだった。最初は試合から4カ月ほどたった8月。この一戦を録画放送したWOWOW「エキサイトマッチ」の番組ゲストに呼ばれたときだった。

ただ、正直に言うと、そのとき見た映像の記憶はかなりあいまいだ。まだ敗戦の傷が癒えておらず心の中で目を背けていたのか、それとも番組の進行やアナウンサーとのやり取りに気を取られ、どこか注意力が散漫になっていたのか。

この一戦まで、プロで行った18試合は全て映像を見返してきた。ロブ・ブラント

（アメリカ）を相手に屈辱的な敗北を喫した18年10月のラスベガスでの防衛戦もしばらく時間はかかったが、後でしっかり映像を見直している。敗北を真摯に受け止め、9カ月後の再戦での王座奪還（2回TKO勝利）につなげた。アマチュア時代も含めて、自分が最も満足できる勝利の一つだ。

どの試合を見るときも、次の試合に向けての反省や復習という目的を伴っていた。少々人ごとめいた言い方になるが、今回のゴロフキン戦を年の瀬まで見ようと思わなかったのは、自分なりに「次」はもうないと悟っていたからだろう。

いずれにしろ、この日、僕は初めて試合を見るような気持ちだった。そして、試合のことが随分と遠い昔のことに感じられた。

ゴロフキン戦から約8カ月、リフレッシュのために自宅近くのフィットネスジムで汗を流すことはあっても、この日までボクシングの本格的な練習は1度もしていなかった。これだけ長い間、ボクシングから離れた生活というのはプロ転向してから約10年、1度もなかったことだ。そのせいか、あの試合も何年も昔の出来事に思えたのである。

映像の再生マークをクリックする。いちファンのように楽しみな気持ちと、それを上回る緊張感を覚える。すぐに、あの長い一日の記憶がよみがえってきた。

22年4月9日、土曜日。東京は朝から晴れわたり、気温も最高25度近くまで上がって過ごしやすい一日だった。

試合前はいつも家族と離れてホテル生活を送る僕は、2カ月以上にわたって滞在していた東京ドームホテルで午後までゆっくり過ごした後、所属する帝拳ジムのスタッフによる迎えの車で夕方にホテルを出発した。午後9時の試合開始に合わせ、6時に会場のさいたまスーパーアリーナに入った。

用意されたドレッシングルームには、ジムのトレーナー陣やボクサー仲間、スタッフに混じって、時折、激励に来てくれた方々やボクシング関係者も出入りしていて、世界タイトルマッチならではのにぎやかさがあった。それでも、僕はいたって落ち着いていた。かつては試合会場に向かう車のブレーキによるわずかな揺れにもイライラしたことがあったが、この日はそんなことは一切なかった。

試合開始まで2時間を切った頃、ゴロフキン陣営の人間と試合役員が見守る中で両拳にバンテージを巻き始める。互いに相手のバンテージ巻きに立ち会うのは、中に異物を入れたりなどの不正をしていないか監視するためだ。そのままグローブを着け、軽くウォーミングアップを行った。トレーナーのカルロス・リナレスが持つミットにパンチをたたき込む。拳に体重もしっかり乗っている。調子の良さを感じていた。

壁一枚だけ隔てた隣の部屋が、ゴロフキンのドレッシングルームだった。

後日、帝拳ジム代表で元WBC（世界ボクシング評議会）世界スーパーライト級王者の浜田剛史さんが、ご自身のユーチューブチャンネルで「ゴロフキンの控室からリズミカルなミット打ちの音が聞こえてきた。とても強くて、速いパンチだと思った」と語っていたと人づてに聞いた。もちろん、そのときは僕も浜田さんと同じ部屋にいたのだが、実は隣がゴロフキンの控室であることさえ気づいていなかった。浜田さんの話によると、僕はもうウォームアップを終えて、静かに椅子に座って出番を待っていた時間帯だったそうだ。耳に入っていないはずはないが、意識がそこに向いていなかったということだろう。これまで集中を高めたり心を鎮めたりするために瞑想や座禅を実践してきていたが、そんな効果もあったのかもしれない。

午後8時45分過ぎ、先に僕の入場曲である映画「パイレーツ・オブ・カリビアン」の主題曲が流れ、ドレッシングルームを出る。パソコン画面に映る自分の表情は、我ながらこれまでのどの試合とも違って見えた。かつてのような作り笑顔でもなければ、新型コロナウイルス禍前の19年に行った最近の2試合の険しい表情とも違う。何を考えているか読み取れない表情とでも言えばいいだろうか（実際、僕は何も考えていなかった）。

この本のもう一人の主人公、田中ウルヴェ京（みやこ）さんからは試合翌日、「あの顔で来たからびっくりしたよ」と言われた。ありのままの自分でいることができたのだとしたら、それは京さんとの半年間に及んだメンタルトレーニングのおかげだろう。

花道をゆっくり歩き、青コーナー下に着いた僕は、胸の前で十字を切った。「2人が無事にリングを下りることができますように」と祈りを捧げリングインした。

続いてゴロフキンの入場。僕はリング上で軽く体を動かしながら待つ。彼のおなじみの入場曲「セブン・ネーション・アーミー」を聞きながら、この場に本当にゴロフキンがいることにワクワクする気持ちと幸せな気持ちがあった。僕がプロデビューする前から世界チャンピオンの座に君臨し、目指すべきチャンピオン像を体現してきたボクサーである。ただ、今は倒さなければならない相手でしかない。このときの僕はもう、ゴロフキンを恐れてはいなかった。カザフスタンと日本の国歌斉唱、リングアナウンサーによる選手紹介の間、青コーナーで僕はひたすら「無」の境地にいた。

普段はあれこれ考えすぎるほど考えてしまうタイプの人間なのだが、これまでの経験から、試合ではその弊害を感じていた。あれをやろう、これをやろうと考えると、それに囚われてしまい、パンチを出すのがワンテンポ遅れたり、練習してきた動きが出せなくなったりするのだ。やるべきことの確認作業は試合の48時間前には終えている。リングに上がったら、むしろ考えないことに集中した。

101日遅れのゴング

当初試合が予定された21年12月29日から数えて101日目。一時はもう聞くことはできないかもしれないとさえ思った、第1ラウンドのゴングが鳴った。

オープニングブローはゴロフキンの左ジャブ。思いのほか伸びてきて、僕は顔面に軽くもらった。ゴロフキンのモーション（前段動作）の少ないジャブは予想通りに強く、こちらの呼吸をずらしたようなタイミングで飛んでくる。すぐさま僕も左ジャブを返す。お互い最初の30秒は左で探り合い、右を1発も出さなかった。

先に右を振ったのは僕だ。右ストレートから一気にプレスを強めてゴロフキンを下がらせにかかった。1分過ぎ、ゴロフキンの左ジャブにかぶせるように打ったクロスの右ストレート、さらに右から左ボディーが入ると会場が大きく沸く。1万5000人が集まった観客もゴロフキンにとってボディーが数少ない弱点であることを知っているのだ。

互いにジャブを突き合うが、そこから先に得意の右につなげられているのは僕の方だ。ただ、ゴロフキンも終盤にかけて左右フックにアッパーを交えるなど、徐々に彼らしさを出してきた。

3分間が終了。このラウンドはポイントこそゴロフキンに取られていたが（試合後に公表された採点はジャッジ3者とも10―9でゴロフキンを支持）、自分のスタートも悪くなかった。コーナーに戻った僕は椅子に座りながら笑っていた。1ラウンドを終えて「やれてるじゃん、俺」という、少し安堵した気持ちもあったのを覚えている。セコンドからも「いつも通りできているよ」と声をかけてもらった。


続く第2、第3ラウンドは、この試合の大きな勝負どころになると僕は試合前から考えていた。ゴロフキンは序盤に強く、その強打でこれまでKOによる36勝のうち19試合は3ラウンド以内に終わらせている。第5ラウンドあたりまでにペースを握り、中盤は流して終盤に再びギアを上げる。映像を何度も見返した僕は、最近のゴロフキンの戦いぶりにそんな印象を持っていた。

自分も最初の3ラウンドでゴロフキンに簡単に主導権を握られるようだと、勝機はほぼついえてしまう。これまでの対戦相手なら僕がガードを固めてプレスを強めれば、圧力に押されて自然と崩れてくれたが、ゴロフキンにはそんな戦い方は通用しないと分かっていた。

先に主導権を奪おうと果敢に攻めていけば、ゴロフキンの強打と正面衝突を起こす危険がつきまとうが、リスクを覚悟で先にいかなければいけない。ここは何が何でも取ると腹を決めていた。

画面に映るゴロフキン、そして僕はまさにイメージしていた通りの姿だった。

第2ラウンド開始早々、ゴロフキンがジャブの強度を強め、左フックやボディーを交えたコンビネーションをテンポよく繰り出してきた。20秒過ぎ、僕が少し強引に左ボディーを伸ばして右フックをたたきつけると、ゴロフキンが後退した。

「ナイスボディー！」

映像を見ながら思わず声が出る。ゴロフキンが嫌がっているのが分かる。ゴロフキンが再び左の上下打ち分けで場内のどよめきを誘うが、僕はお構いなしに前に出る。そして、右ボディーストレートを突き刺すと、ゴロフキンの顔に先の左ボディーをもらったとき以上の苦悶《くもん》の色が浮かんだ。

そこからはこのラウンドを通して、ゴロフキンがロープを背負いながらリングを回る展開になった。僕はこの日一番の武器になった右ボディーストレートを再三伸ばし、ショートの右アッパーもタイミングよく入った。

映像を見ながら、ちょっと唇を噛むような思いだった。

試合中にもっとゴロフキンのダメージに気づいていれば。この右ボディーストレートがこんなに有効だったとは。試合中は必死なこともあって、そこまでの感触を持てていなかった。ラウンドの終了間際、上への右ストレート2発から再び右ボディーが入った。このラウンドは確実に取った手応えがあった（採点ではジャッジ2人が僕、1人はゴロフキンにつけていた）。

第3ラウンド、ゴロフキンもこのままではいけないと思ったのだろう、一段と攻勢を強めて主導権を取りに来た。開始早々、ジャブに右ショートアッパー、右フック、左ボディーと多彩なパンチを交えたコンビネーションで一気に攻めてくる。

ゴロフキンの代名詞ともいえる、上から真下にたたき落とすような「脳天フック」もその中にあった。ほかのボクサーがおよそ打つことのない類いのパンチだが、ゴロフキンは肩周りの筋肉が柔らかく肩甲骨の可動域が人よりも広いのだろう。予想もしない角度からパンチが飛んでくるのだ。場内も大きくどよめく。

それでも僕は対応できていた。ブロックで完全なクリーンヒットは許していない手応えがあったし、ゴロフキンのパンチにそれほど威力も感じていなかった。相手の連打をしのいだ後は、僕が攻勢に転じた。

開始30秒過ぎ、左ボディーから右ボディー、そして右フックを上に2発つなげると、ゴロフキンが第2ラウンドに続いて後ずさりした。「うん、いいぞ」。映像を見ながら、再び自然と声が出る。右のパンチだけでなく、左もジャブにフックとスムーズに出ている。相手に合わせることなく、先手、先手で攻めることができていた。1分過ぎの右フックの相打ちも自分のパンチの方が分がよかった。

このラウンドの中盤以降、2ラウンドに続いて僕がゴロフキンを追いかけ回すような展開になった。明らかに僕のプレスが効いている。とりわけ右ボディーは効果的だった。

ゴロフキンは背中を丸め、ガードを下げてまでボディーを打たれまいと必死だ。そんな相手に、この回の最後も僕が左右ボディー、右ストレート、右アッパーをたたみかけて終了のゴングが鳴った。ゴロフキンの苦しそうな様子が手に取るように分かる。このラウンドも僕が取った（ジャッジは3者とも僕の10―9だった）。

3ラウンドまで映像を見終えたとき、頭に浮かんだのはこんな思いだった。

勝てる試合だったなあ。

戦っているときはとにかく必死で、これほどの攻勢は実感できていなかった。もったいない、全然勝てる試合だった……。序盤3つのラウンドが勝負、そこは何が何でも取りに行く。そう戦前に決めた作戦は映像を見る限り、十分に実行できていた。

いや、想定以上だったかもしれない。試合中、僕はお客さんの声援がほとんど耳に入らないのだが、映像からも会場が熱気を帯びているのが分かった。戦っている当人以上に、観客の皆さんは勝機を感じてくれていたのかもしれない。

第4ラウンドに向けてコーナーの椅子を立った僕の顔は、鼻筋や目元がかすかに腫れ始めていた。手応えは感じていたが、自分のペースに持ってくるために、それ相応の代償も払わされていたということだろう。そして、この辺りから僕は戦いながらゴロフキンにちょっとした驚きを感じ始めていた。

それは、強さよりも巧さが光るということだった。

僕のブロックの脇や合間から、しっかりナックルを返したパンチを入れてくるのだ。戦う前はガードの上からのパンチで強引になぎ倒す武骨なイメージを持っていたが、実際に戦ってみるとパンチの軌道がコンパクトで、コンビネーションブローも思った以上に滑らかだった。

僕のボディーブローは警戒され、徐々に腰を引いて遠ざけられて当てにくくなった。

顔面へのパンチもスウェーバック（頭を後ろへ逃がす防御技術）やパーリング（グローブでパンチをはじく防御技術）でうまく流され、ガツンという感触がなかなか得られなかった。ラウンド中盤には、不意を突くジャブであごをはねあげられた。

それでも、このラウンドも終始前に出ているのは僕の方だ。ゴロフキンはこれまでの試合における圧倒的な攻勢ぶりからファイターの印象が強いと思うが、僕が映像を見返した限りでは、意外に距離を取って戦うことを好む傾向があった。満足にパンチを出させないためにも徹底的に距離を潰すのが僕の作戦だった。1分過ぎ、左ボディーを入れると、ゴロフキンがクリンチする。ずっとボディーを嫌がっている。

ラスト1分は激しいパンチの交換になった。僕の右ストレートからの右ボディーは警戒されているとはいえ、まだまだ有効で、ゴロフキンをコーナーに追いつめる。左ジャブもいい。一方、ゴロフキンも強弱をつけたロングレンジのコンビネーションでポイントを確実に取りに来る。最後は僕のワンツーでゴングが鳴った。このラウンドも悪くなかった（ジャッジ3人の採点は3者とも10―9でゴロフキン）。

ゴロフキンの本領

第5ラウンドは、この試合のターニングポイントだったかもしれない。

開始ゴングと同時に打ってきたゴロフキンの右フックをガードの上から受け、僕の足元が少し揺らいだ。間合いを取られたくない僕は、頭をつけるような距離で左右ボディーをたたきこむ。ボディーはやはり有効だ。しかし、ラウンド中盤に強烈な左フックをもらい、そこからの連打でこの試合で初めてロープを背負った。

ガードはしっかり上がっている。試合中は「そんなの効かねえよ」と強気を保っていたのだが、映像を見るとダメージが少しずつ蓄積していっているのが分かった。

残り1分を切ってから、ゴロフキンは足を使いながら巧みに休んでいる。僕の右ショートアッパー、左フック、左ボディーも入っているが、もっと手数がほしい。

「打て、打て、攻めろ、攻めろや！」

画面の中の自分に対するもどかしい思いが思わず口を突いて出た。ゴロフキンと一緒に休んでしまっているように見えたからだ。裏を返せば、自分に余裕がなくなりつつあった。ラウンド終盤、僕には珍しくパンチを打つ際に「ハッ」「ウッ」と声が出ていた（ジャッジは2人がゴロフキン、1人が僕をそれぞれ10－9で支持）。

試合後に知った採点表では、第5ラウンドを終えてゴロフキンのリードとしたジャッジが2人（3ポイント差、1ポイント差）いた一方で、僕の1ポイントリードとつけているジャッジも1人いた。ほぼ互角の展開といっていい。もっとも、試合中に僕の頭の中にポイント計算は全くなかった。

もっと言えば、ペース配分もなかった。開始からフルスロットルで走り続けるボクシングは、KO決着しか考えていないような戦い方だ。もちろん、それだけの力を振り絞らなければゴロフキンの強打を止めることはできなかったかもしれないという思いはある。ただ、ポイント計算やペース配分といった戦略的な部分で、もう少し自分に引き出しがあればとも思う。ゴロフキンにはそれがきっとあったはずだ。その差が、ここから如実に表れていく。

第6ラウンド、ゴロフキンの戦い方が明らかに変わった。前のラウンドで手応えを得たのだろう、足を使うよりも、完全に攻撃モードに切り替えてきた。開始30秒過ぎ、僕は右フックをガードの外側からあごにたたき込まれ、マウスピースを飛ばされた。

それほど効いたパンチではなかったが、ゴロフキンは自信をつかんだようだった。その証拠に、マウスピースをつけて再開した直後、一気にコンビネーションをまとめてきた。左右、上下、はたまた頭上からパンチが飛んでくる。最初の1分間、僕はゴロフキンのパンチをブロックすることが精いっぱいで、ほとんど手を出せなかった。

映像を見て分かったことだが、僕は下肢に力が入らなくなり、徐々に姿勢が突っ立ってパンチに体重が乗らなくなっていた。特別にどのパンチで効かされたということはないが、疲労が少しずつ動きを鈍くしていた。

残り1分を切り、前半の攻勢でポイントを押さえたと考えたゴロフキンがリングを広く使い始める。僕は必死に前に出るが、5ラウンドまでのような強いパンチを打ち込めない。ここまでで最も劣勢のラウンドだった（ジャッジ3者とも10－9でゴロフキン）。

戦前、僕の想定では、ゴロフキンは前半の貯金をキープしながら中盤の第6～8ラウンドあたりを休むイメージがあった。そこで休ませずにしっかり攻め立てる。そんな戦いのイメージを持っていたのだが、僕の方に肝心の余力がなくなりつつあった。


第7ラウンドは開始から前に出たのは僕だったが、有効なパンチを当てられない。

ゴロフキンに余裕を持って見切られ、空振りも少しずつ増えていた。

1分過ぎ、ゴロフキンに両腕でぐんと押されると、僕は力なくロープに後退し、連打を浴びた。前に出てこそ強みを発揮できる僕は、これまでのプロキャリアでパンチを効かされてロープを背負ったことは1度もなかった。

一方のゴロフキンは休みながらうまく強弱をつけて攻めているのが分かる。僕とゴロフキンの顔にみなぎる精気にも明らかな差が見られたラウンドだった。(ジャッジは3者とも10―9でゴロフキン)

第8ラウンドはさらにロープを背負う場面が増えた。中盤に左フックを2発、3発と当てられ、ロープ際では右フックを再三もらって防戦一方になった。

苦しい時間が続く中で、僕はちょっと不思議な体験もしていた。徐々にゴロフキンにペースを持っていかれ始めたラウンド中盤以降、自分の頭上近くから誰かの声が聞こえてくる感覚があったのだ。

「おいおい、このままもらったらやばいぞ」

「ここで諦めるのか」

「自分に勝つんじゃなかったのか」

これまでの試合中でも自分にハッパをかける言葉を心の中で言ったり、とっさに何かひらめいたりすることはあったが、そうした記憶ともちょっと違う、初めて経験するような感覚だった。

心の中の感情というよりは、自分の体から遊離したところにいる、もう一人の自分から声をかけられているような。僕は「お前はそう言うけど、このまま打たれて死んだりしないだろうな」と頭の中で言葉を返していた記憶がおぼろげながらある。

「声」が聞こえた理由は分からない。ただ、メンタルトレーニングを続ける中で、自分の声（感情）に気づいて対処するという作業をずっとやっていた。だから、声に対する気づきがいつもより鮮明だったのではないだろうか。

第7、8ラウンドあたりは、ゴロフキンに攻め込まれながら、相手の攻撃が終わると反撃に出るというシーンが何度かあった。相手の打ち疲れに助けられた面もあるが、もう一人の自分の声に押されて出ていっていたのかもしれない。ピンチに立たされながらもそのたびに押し戻すことができたのは、メンタルトレーニングも理由だと思う（第7、8ラウンドともジャッジ3者とも10―9でゴロフキン）。

やっぱり自分の負けるところは見たくないものだ。第9ラウンドを前にして、パソコンの前で思わず姿勢を正した。開始ゴングと同時に打って出た僕の右ストレートと、ゴロフキンの右ストレートが際どく交錯した。

当たったのは相手のパンチだった。カウンターになって顎にもらったので余計に効いた。ニュートラルコーナーにくぎ付けにされ、重いフックを左右から浴びる。足に力が入らない。1度はリング中央に押し戻したが、ここでゴロフキンの強烈な右ロングフックをもらってしまう。さらにもう1度もらった右フックと合わせて効いた。

青コーナー付近に詰まったとき、村田コールが沸き起こった。試合中はとにかく必死で聞こえていた記憶はないのだが、僕は背中を押されたように再び前に出る。

ゴロフキンはラウンド序盤から仕掛けたラッシュで打ち疲れも見える。右の連打でゴロフキンを追いかける。久々にヒットの手応えが残る右ストレートも当たった。惜しむらくは、ここでボディーに1発ほしかった。

映像を見ながら、刻一刻と最後の瞬間が近づいているのが分かって少し緊張した。

あ、ここで負けるのか、俺。

その直後、左フックを振るったところにゴロフキンに上から右をかぶせられ、リング上によろよろと崩れ落ちていった。刹那、画面右端から棄権の意思表示である白いタオルが舞い込んできた。

当日のリング上で僕はタオル投入に気づいていなかった。試合終了を告げるゴングがカン、カン、カンと鳴り、青コーナーから駆け込んできた田中繊大《せんだい》トレーナーに抱えられて初めて負けたことを知った。僕は笑っていた。「やっちまった」という苦笑いの感情と、試合が終わった安堵感がかすかにあったように思う。

ただ、画面に映し出されたゴロフキン陣営の心底喜んでいるシーンを見て、あの日とは違った感情も湧き上がってくる。

向こうもきつかったんだな。

自分がこのラウンドを耐えきっていたら、試合の行方は分からなかった。逆転の可能性はあったんじゃないか。試合映像を見終えて、真っ先に湧き起こってきた感情は「悔しい」だった。

敗因は一言でいえば、キャリアの差だ。ゴロフキンは休めるときに休んで、試合全体をマネジメントしていた。これまで世界戦を30戦近く戦ってきた中で培われた実戦力といってもいい。あれだけＫＯを量産してきたのに、12ラウンド戦うことを見越したようにラウンドごとの戦い方にメリハリをつけていた。

「タラレバ」になるが、僕はもっと長いラウンドのスパーリングをやっておく必要があっただろう。スパーリングパートナーが多くなかったこともあり、最長でも1日8ラウンドまでしかできていなかった（メキシカンの3人は本当によく頑張ってくれた。クリスマス、年末年始も日本に残って僕に力を貸してくれた）。12ラウンドのスパーリングでペース配分するような練習も必要だったな、と映像を見て思う。

悔しいと思うのは、僕のボクシングがゴロフキンに通用していたからだ。間違いなく通用していた。恥じることのない試合ができたと思う。この経験を生かせば、次はもっといいボクシングができる、もっと強くなれると思った。

だからこそ、もったいないのだ。ここでボクシングを辞めたら悔いが残るかもしれないと思ってしまった。そんなことをいつまでも考えていては切りがないが、映像を見てからおよそ3週間後。年が明けた23年1月、僕はゴロフキン戦後初めて帝拳ジムに行ってボクシングの練習をしたことも記しておく。

試合後のリング上で、ゴロフキンから「チャパン」と呼ばれるカザフスタンの民族衣装を模した青いガウンを贈られた。そのガウンを着たまま、リングを下りて花道を引き揚げる。ダメージもあって少し意識がぼーっとしている僕の耳元に、この大一番を組むためにプロモーターとして奔走してくれた帝拳ジムの本田明彦会長の声が聞こえた。

「お客さん、誰も帰ってないよ。こんなの初めてだよ」

ファンの方には申し訳ないのだが、僕は試合を戦っている最中はいつもほとんど歓声が聞こえない。だから、この花道を引き揚げながら見た光景はうれしかった。場内を見渡して「ありがとうございました」と心の中で感謝の言葉を口にした。

試合前、僕が一番思っていたことは「ビビって力を出せないことだけは嫌だ」ということだった。しかし、26分余りに及んだ激闘の最中、僕の心が折れることはなかった。最後まで闘う気持ちを失うこともなかった。試合前に感じていた自分の中に潜む弱さは、間違いなく乗り越えられたと思う。

21年秋に試合が決まってからの半年間を振り返ったとき、この時間を肯定的にとらえることができる。色々細かい点まで目を向ければ100点ではないかもしれないが、点数に関係なく肯定できる。この自己肯定感は4月9日の試合がくれたものというより、あの一戦に向かっていった過程がくれたものだ。

「勝負の世界は結果が全て」というのは事実。だからアスリートは悩み、苦しむ。僕もとても悔しい。映像を見て、また悔しい気持ちがふつふつと湧き上がってきた。

その事実に照らせば、敗れた僕は何も自分を認めることができないことになるが、そんなことはない。これまでのどんな試合よりも自己肯定感や充実感を得ることができた。

半年間の時間が、この試合の意味を勝ち負けだけで語れないものにしてくれたのだ。

Apr. 10th, 2022

8時56分　村田

昨日もありがとうございました。
改めて、京さんのセッション、助けられているなと、一夜明けて感じております。
漠然と試合をするのではなく、その動機、理由を知り、それを追求することで、勝ち負け以外の価値を自分に見いだせる。
昨日の自分は、ガキの頃の、不良だった、周りの嘘に傷ついていた僕が目の前に来ても
「お前の将来は大丈夫、頑張れば、強くなれる、向き合える、正直になれる」
そう言ってあげられると思います。
外に外に向かって追い求めていたことは、見つからない
それは内側にあるからなんだ
そう気づけました。
本当にありがとうございます。

第2章

挑戦

日本ボクシング史上最大の一戦

2021年11月12日、僕は東京・虎ノ門ヒルズの大きなホールにしつらえられた記者会見場にいた。WBA・IBF世界ミドル級王座統一戦の発表会見が行われることになっていた。新型コロナウイルス禍の中で19年12月を最後にリングから遠ざかっていた僕にとっては、久々に大勢の前に出る機会だった。

SNSやインターネットで情報が溢れ、いっときの流行もすぐに消費され尽くされ、忘れられていく時代だ。約2年という月日は長い。この間、テレビなどメディアにも積極的に出ることのなかった僕は、この一戦がどれほど世間の関心を集めるのか、正直、半信半疑の思いでいた。

だが、会見場のひな壇に上がったとき、詰めかけた報道陣やテレビカメラの数を見て、この試合に対する注目や期待の高さを改めて実感した。

僕の久々の戦線復帰ということもあっただろうが、それよりも対戦相手がゲンナジー・ゴロフキン（カザフスタン）ということが大きかったはずだ。強豪が集うミドル級で世界タイトルマッチに通算22度勝利し、この時点で戦績は41勝（36KO）1敗1分け。勝利を逃した2試合はいずれも宿敵サウル・〝カネロ〟・アルバレス（メキシコ）との対戦による結果だが、「ゴロフキンが勝っていた」と言う評論家やファンも多い接戦だった。

ボクシング界の世界的ビッグネームの来日という意味では、1988年と90年の2度、東京ドームでタイトル防衛戦を行った当時の統一世界ヘビー級王者、マイク・タイソン（アメリカ）以来といってよかった。

ゴロフキンが滞在していたアメリカのフロリダとつないで行われた会見で、僕は数年ぶりに彼と〝対面〟した。海外の記者会見でよく見られるような、イベントを盛り上げるためのトラッシュトークや小競り合いなど必要としない。お互いをリスペクトした友好的なムードが漂うなかで、記者会見は進んだ。

ゴロフキンは通訳を介して「この試合は誰もが忘れられない記憶に残る試合になるだろう。長い間交渉してきて、ついに決まったという思いだ。日本ではタイソンら世界のトップファイターだけでなく、日本の名だたるトップファイターが試合をしてきた。自分もその一員になれることを楽しみにしている。自分は同じアジアのDNAを持つ（母親が韓国にルーツのある方だそうだ）。日本のボクシングファンが喜んでくれる面白い試合ができると思う」と画面越しにあいさつした。

続いてマイクを握った僕は「一番尊敬する選手。一緒にトレーニングさせてもらったこともあるが、彼の紳士的な対応も尊敬しています。本当に最強の選手だと思っている。戦績に負けと引き分けが1つずつあるが、この2試合も僕は勝ったと思っている。事実上全勝の選手に勝って、僕が最強だと証明したいです」と抱負を語り、さらにこう続けた。

「これは歴史の一部だと思います。こんな大きな試合、ミドル級の試合が日本で行われることは、手前味噌だけど今後なかなか難しいと思います。この一大イベントが大成功して、今後のボクシング界、スポーツ界に寄与できれば、我々が戦う意味もより大きくなると思っています」

この一戦は僕のプロデビューから一貫して試合を中継してきてくれたフジテレビではなく、アマゾン・ジャパンの動画配信サービス「プライム・ビデオ」のスポーツ参入第1弾の目玉として、ライブ配信されることがこの日発表されていた。

全世界にはゴロフキンと複数試合の大型契約を結んでいるDAZN（ダゾーン）が配信する。白井義男さんが日本で初めてのボクシング世界王者になってから約70年、戦後のボクシングの大衆人気を支えてきたテレビ地上波ではなく、インターネットで配信される興行形態もスポーツビジネスの新たな潮流として大きな話題を集めたようだった。

ゴロフキンには15億円以上、僕に6億円のファイトマネーが保証されるとメディアは報じていた。プロモーターとして交渉をまとめ上げた帝拳ジムの本田明彦会長は、およそ30年前に自身が手がけられたタイソンの東京ドーム興行を引き合いに「時代が違うけど、興行規模は今回が上回る」と語っていた。まさに日本ボクシング史上最大の一戦だった。

この試合の交渉について本田会長から聞かされていた夏以降、僕の中で「ボクシング人生において集大成の試合になるだろうな」という確信に近い気持ちが徐々に膨らんでいた。本当にラストファイトになるかどうかは試合が終わってみなければ分からないが、キャリアを懸けて挑む一戦であることは間違いなかった。これ以上の相手、これ以上の舞台なんて次いつ巡ってくるか分からない。

そう考えたとき、試合に勝つ、負けるだけではない、何らかのレガシーを残したいという気持ちが大きくなっていった。

例えば、試合に向かうまでの軌跡を記録として残せないだろうか。後進のボクサーやアスリートの人たちに生かしてもらえるようなことがあるとすれば何だろうか。プロ入り以来ずっとお世話になってきた電通（当時）の大渡博之さん、長らく僕の担当マネジャーだったジェブ（当時）の野口哲男さんらと相談を重ねた結果、ある考えにたどりついた。

「ちょっとお話できる時間ありますか」

試合発表記者会見の10日前、11月2日にメッセージアプリのＬＩＮＥで連絡を取ったのはスポーツ心理学者、田中ウルヴェ京（みやこ）さんだった。ゴロフキン戦まで最終的には半年間に及ぶことになる、メンタルトレーニングというもう一つの僕の戦いが始まるのである。この本ではその一部も記していこうと思う。

2021年11月10日（メンタルトレーニング　セッション第1回）

（中略）

村田　（ボクサーとしての）キャリアの終焉を今迎えようとしているところで、僕のマインドのデータを取ってみるのも面白いんじゃないかと思って。

田中　（現役を）終わろうとしているというのは、自分で自覚しているということ？

村田　そうです。どこかでケリをつけたいと思っていて、次の試合で勝って終わりたいんです。結構な額のファイトマネーが約束される試合なんです。負けて終わるのは嫌だし、勝てばお金は倍々ゲームになるかもしれないけど、それで続けて（肉体に）ダメージをためて何のために稼いだのか分からない人生になるのも嫌です。どこかでケリをつけないといけないと思っています。

田中　ここまで稼ぐつもりじゃなかった？　それとも金じゃない？　どっちですか。

村田　お金はすごく大事ですが、それだけでは満たされないということです。お金は追いかければ追いかけるほど必要になる。それで心が満たされるわけじゃなかったし、変な話、何の安心感もない。

田中　安心感！

村田　人間って安心を求める生き物じゃないですか。

田中　安定を求める自分はいますか。

村田　安定は求めていないですね。安心がほしいです。

田中　そっちですよね。

村田　お金にそれを求めても、安心できない。結局、最後は内面への回帰だろうと。自分自身に幸せや満足を感じるものを得ないと、永遠にさまよい続けることになる。何か講義っぽくなってきたな。

田中　私はほとんどしゃべってないから、まさに村田講義だね。

（中略）

田中　諒太さんは今さら目標設定とか関係ないというか、超越していると思う。意味さえ見つかれば、目標は勝手につくれるから。

村田　「意味」はたしかに必要ですね。今さら長いことやるつもりのない僕にとっては、目標は必要ないですね。

田中　コロナ禍の2年間はどうでしたか。

村田　ずっと試合ができなかったんですが、自己との向き合いができたのですごく楽しかったです。

前に進んでいる感じはあまりなかったけど、今振り返っても別に悪くない時間だったというか。幸いなことに、何回も延期（事実上の中止）になって、そのたびに「試合あるよ」と言われて練習を続けてきたので、体の衰えは感じていないです。

田中 そんな延期になったの？

村田 6回です。

田中 えー、それは大変だね。

村田 マンネリしないように何らかのアクションは起こしていましたね。

田中 意味はあったということだね。

村田 試合はできなかったけど、トレーニングの新しい知識を蓄えることの喜びみたいなものはありました。今後、後輩に指導するのにもつながりますし。

田中 それこそ「意味づけ」ですね。諒太さんも好きなフランクル（『夜と霧』の著者、ヴィクトール・フランクル）も言っている。

村田 肯定的な意味づけをしているんでしょうね。変な話、コロナがなければゴロフキンと試合できていないかもしれないですし。

田中 逆に聞きたいのは、自分で意味づけをすることはできているのに、メンタルトレーニングをどうしてやろうと思ったんですか。自分一人でもできる人だと思います。

村田 世紀のビッグマッチと自分で言うのも何ですが、今後100年ないかもしれない試合です。自分も絶対プレッシャーがあると思いますし、この大きな試合に向かっていく人間の心理のデータを残したいんです。自分という「被験者」を一つ残すことが後進へのレガシーになるんじゃないかと。

田中 金メダリストに後で聞き取りをしたような実証研究は海外にもありますが、そのときどきの気持ちを残す研究は極めて珍しいです。なぜなら選手が嫌がります。

村田 僕も嫌だろうと思います。自分の嫌な部分と向き合わないといけないだろうし、考えすぎてしまう嫌な癖が出るかなと覚悟しています。それでも、自分が（アスリートの後輩や社会に対して）残せるレガシーなんじゃないかと思うんです……。

田中ウルヴェ京さん

京さんとの付き合いは、7、8年前に遡る。競技の枠を超えて五輪メダリストたちが集まる交流会のような場で知り合い、よく話をするようになった。

京さんはシンクロナイズドスイミング(現アーティスティックスイミング)の名選手だ。1988年ソウル五輪では、小谷実可子さんと組んだデュエットで銅メダルを獲得されている。引退後は日本やアメリカ、フランスの代表チームでコーチとして10年ほど指導した後、スポーツ心理学の勉強のためにアメリカに留学し、修士号を取って帰国された。現在は博士号(システムデザイン・マネジメント学)も取得し、現役アスリートや経営者、一般の人まで幅広くメンタルトレーニングを指南されている。テレビのコメンテーターなどでも活躍されているので、ご存じの方も多いだろう。

僕と京さんは少し前からLINEでもやり取りするようになった。話題は互いの近況報告や東京オリンピック、そのときどきの時事問題のほか、哲学やキリスト教、読書など多岐にわたった。

互いに関心のある分野や考え方も近いと感じたたし、何より僕の方は勝手に京さんに親近感を抱いていた。それは「性格の似た者同士」という表現が合っているかもしれない。

この本の中でも出てくるが、僕は端から見ればなかなか面倒くさい人間である。他者からの評価が常に気になり、嫉妬心の塊でもある。それなのに褒められると、俺の何を知っているんだと逆にへそを曲げるような、あまのじゃくなところもある。

そんな村田諒太という人間を、僕自身もあまり好きではない。京さんもそういうタイプの人だと思う、と言ったら「あなたに私の何が分かるの！」と京さんに怒られてしまいそうだが、これまでの交流を通じて一方的にシンパシーを感じていた。

京さんが現役時代にデュエットを組んだ小谷さんはとても華のある人気選手で、マスコミが話を聞きたがるのはいつも小谷さんだったそうだ。その横で京さんは小谷さんに対し、最も信頼するパートナーでありながらも、どこか複雑な感情も抱えていたという。

そんな京さんなら僕の思考の癖や感情の揺れを分かってもらえるのではないかと思ったし、メンタルの記録を取ってもらうとしたら京さんしかいないと考えたのである。

それまでにも僕は一般的にメンタルトレーニングと呼ばれるものに取り組んだ経験

はあった。アマチュア時代は関連書籍を読みあさったりもしたし、その道の権威とされた先生を訪ねたこともある。ただ、自分にとって有益だったかと聞かれれば、あまりそう思えたことがないというのが正直な感想だ。

これは人それぞれで合う、合わないがあると思うので、あくまでも主観の話になるが、僕が違和感を覚えたのは、ポジティブ・シンキングやプラス思考のようなものである。

たしかにトレーニングを受けた日は気分が上がって帰路に着くのだが、気分は文字通りに気分でしかなく、一時的なものに過ぎない。時間がたって冷静になると、僕という人間が根本的に抱えている感情や弱い自分というものは、何ら変わっていないことに気づく。そんな本当の自分にある意味でフタをして競技に臨むというのがポジティブ・シンキングだと思う。僕はそこにどうもなじめなかった。そもそも試合でもハイテンションになって興奮状態で臨むよりも、落ち着いて冷めているくらいの方が実力を発揮できることが多かった。

むしろ、僕は自己の内面と向き合うリアルシンキングをやりたいと思っていた。テクニカルな方法論に走るよりも、もっと本質を考える哲学のようなイメージだ。自分の強さと弱さ、長所と短所を理解し、課題を整理した上で、よりよいパフォーマンスを発揮できるようになるにはどうしたらいいかを徹底して考える。

以前から京さんの著書などを読ませてもらう機会があり、京さんのメンタルトレーニングは僕の考える理想に近い印象を持っていた。


最初に京さんのもとを訪ねたのは発表記者会見の2日前、11月10日だった。ホワイトボードのある小さな会議室で、僕と京さん以外にも互いのマネジャーなどを含めて3人ほどが同席していた。記録に残すため、小型カメラも2、3台回している。

既に今回の依頼の趣旨はＬＩＮＥで伝えてあった。あいさつや試合決定の報告もそこそこに、最初から「セッション」と呼ばれるメンタルトレーニングの様相になった。

京さんは僕のあちこち乱れ飛ぶ話や何気ないつぶやきにも嫌な顔一つせず、耳を傾けてくれた。しかもリアクションが大きいので、こっちはつい気持ちよくなってどんどん話してしまう。京さんはしゃべらせ上手であり、共感上手だ。

そして、僕の言葉一つひとつを丁寧に拾って、様々な質問をしてきた。


「メンタルトレーニングで何を探していますか」

「強さって何ですか」

「なぜ強さを見せたいと思うのですか」
「ベストな自分ってどんな自分ですか」
「試合は楽しみ、不安どちらが大きいですか」

僕は以前から頭の中で自問自答するセルフトークをずっと続けていた。名付けて「一人村田会議」。試合前は家族と離れてホテルにこもるが、その部屋でつぶやきを繰り返すのだ。

「ビビってるのか」
「仕方がないだろ、試合なんだから」
「何が怖いんだ」
「……」
「考えて解決するのか」
「しない」
「じゃあ、考えるな」

こんな具合だ。ただ、自分で一人二役を演じるよりも、他人の方が当然、質問が想定外のところから飛んでくることが多く、より答えを深く考えるようになる。京さんとの対話は気づきが多く、新鮮だった。

この日のメンタルトレーニングで、僕はボクシング人生を振り返りながら「僕の中では強さとは内面のことです」と京さんに話した。そして、その強さを感じたボクサーとして1人の名前を挙げた。

南京都高校（現在の京都廣学館高校）、帝拳ジムで先輩に当たる山中慎介さんである。僕より3学年上の山中先輩は、切れ味抜群の左ストレートを武器にしたサウスポーで、WBC世界バンタム級王者として12連続防衛を果たした。具志堅用高さんが持つ連続防衛の国内最高記録13度に追いつき、さらには追い越すことも時間の問題と思われた。

だが、王手をかけて迎えた17年8月の防衛戦で、当時全勝だった挑戦者ルイス・ネリ（メキシコ）に4回TKO負けを喫し、5年9カ月守ってきたベルトを失った。ところが、試合後にネリのドーピング検体から禁止薬物が検出されたことが明らかになった。

本来ならネリは何らかのサスペンドを受け、王座獲得は無効となってしかるべきだ。

ただ、故意ではないというネリ側の主張が受け入れられ、試合結果が覆ることはなかった。その代わり、ダイレクト再戦が認められ、18年3月に両国国技館での対戦が決定した。

山中先輩と入れ替わるように世界チャンピオンになっていた僕も、4月に初防衛戦が決まっていて、ジムで同じ時間帯に山中先輩と練習することが多かった。先輩の練習の姿や時折交わす言葉から、この一戦に懸ける気持ちが伝わってきた。

だが、その思いはまたも踏みにじられてしまう。ネリが今度は最初の計量で2・2キロもオーバーする失態をさらしたのだ。再計量でもバンタム級リミットをクリアできなかったネリはその場で王座を剝奪され、山中先輩が勝った場合は新王者（返り咲き）となる王座決定戦のかたちで試合は挙行された。だが、階級制の格闘技で体格のハンディはそのまま勝敗に直結する。山中先輩は第2ラウンドに3度倒されてKO負け、これが現役最後の試合になった。

あれほど理不尽な負けを味わったのに、およそ1カ月後に行われた引退会見で、山中先輩の表情がとてもすっきりしていたのが印象的だった。僕はそのわけを、先輩は自分との戦いに勝ったからではないかと理解した。苦しい練習から逃げず、できることを全てやり、悔いを残さずグローブを壁につるすことができたのだろうと。

結局、全てのボクサーが最後にめざす場所は、あそこではないかと思った。僕が山中先輩と同じような気持ちでゴロフキン戦のリングを降りるには何が必要だろうか。

ここまでの僕のボクサー人生における大きな勝利といえば、12年ロンドン五輪の金メダルと、17年の最初のWBA世界ミドル級王座奪取である。ただ、今日に至るまで、僕はこの2つの勝利に複雑な感情を抱いてきた。

どちらの試合も練習は一切妥協せず、つらいことからも逃げなかった自負がある。言い方を変えれば、自分をしっかり律することができた。そこは胸を張れるのだが、五輪も世界タイトル戦も試合内容が僕の中では最悪だった。だから、今もなお素直に喜べないのだ。

そう考えると、やっぱり僕はゴロフキン戦に勝たないと心の底から満足できないのかもしれない。僕は京さんに言った。

「今回は『自分に勝つ』ことは、はっきり言って容易だと思います。相手が相手ですから。ここで自分を律することができなかったら、何のためにボクシングをやってきたんだという話になります。それよりも勝利がほしいです」

そして、勝ちたいからこそ「楽しみより不安が大きい」と率直に心中を明かした。

これからの1カ月半余りで、楽しみと不安の割合を逆転させていくことができるだろうかと考えていた。

約2時間にわたった初回のメンタルトレーニングを終える頃には、僕は目的が早くも変わりつつあることを自覚していた。「自分が被験者となってデータを残したい」と言ってはみたものの、やはり試合で勝つために僕は京さんを訪ねたのであり、自分自身の内面が試合までにどう変わっていくのか見てみたいという気持ちになっていた。早くも自分の心の葛藤が見えてきて、既に助けられている感覚があった。

セッションの終わり際、京さんは「村田諒太にとって『ベスト』とはどういう意味なのか、その答えを見つけることがこのメンタルトレーニングのゴールになります」と言った。

ベストな村田諒太……。それはゴロフキンに12月29日に勝てる自分だろう。じゃあ勝てる自分ってどんな自分か……、勝つために自分に必要なことは……。

僕の内なる戦いにゴングが打ち鳴らされたようだった。

王者の中の王者

「ゴロフキンが相手じゃなければ、ここまで悩んだり、ボクシングのことを真剣に考えたり、自分と向き合うこともなかったと思います」

僕は最終的には半年間に及ぶことになった京さんとのメンタルトレーニングで、度々このような言葉を口にしている。僕をそこまで熱くさせ、そして大いに苦しめたゴロフキンというボクサーについて、さらに対戦に至るまでの2人の軌跡について少し書きたい。

13年8月25日、僕は東京・有明コロシアムでプロデビュー戦を行い、当時日本と東洋太平洋のミドル級王者だった柴田明雄選手に2ラウンドTKO勝利を収め、プロキャリアをスタートさせた。

リングサイドには世界のボクシング界で最も有名なアメリカ人プロモーター、ボブ・アラムさんの姿もあった。強豪の多いミドル級でのマッチメークを考え、帝拳ジムが僕のデビューに合わせてアラムさんのトップランク社とプロモート契約を結んでいた。モハメド・アリやシュガー・レイ・レナード、オスカー・デラホーヤ、フロイド・メイウェザー（いずれもアメリカ）、そしてマニー・パッキャオ（フィリピン）に至るまで、レジェンドたちの試合をあまた手がけてきた大物も見守る中での会心の勝利だった。その高揚感も手伝ったのかもしれない。試合後に記者に囲まれた僕は、早くもゴロフキンの名前を口にしている。

「客観的に見て、今ゴロフキンに勝てるかと言うと勝てないと思います」

当時、ゴロフキンはWBA世界ミドル級王座に君臨し、既に8度の防衛に成功していた。伝統と人気を誇るミドル級の猛者として、スター街道を歩み始めたころだった。

僕より3歳年上でカザフスタン出身のゴロフキンはアマチュアで長く活躍し、03年世界選手権で優勝、04年アテネ五輪でも銀メダルを獲得し、06年にプロに転向した。僕は11年世界選手権で銀メダルを獲得し、12年ロンドン五輪では金メダルだったから、ちょうど逆の色のメダルを持っていることになる。

その後、ドイツを主戦場にプロキャリアを重ねたゴロフキンは10年8月にはWBA王座決定戦に勝って新王者になっている。僕はまだ世界選手権で銀メダルも取っていない。世の中の誰も僕を知らない、何者でもない時期だ。この時点では、将来拳を交えることになるなど2人は知るよしもない。

ゴロフキンはプロのリングでも早々に実力を発揮した一方で、ドイツでは異邦人としての苦渋も味わったようだ。プロボクシングは競技スポーツであると同時に興行エンターテインメントでもある。マッチメークやファイトマネーの多寡は、実力もさることながら人気、すなわち商品価値に左右される。

ゴロフキンが当時契約していたドイツのプロモーターは地元で人気があった別のドイツ人チャンピオンを最優先し、ゴロフキンはなかなかチャンスに恵まれなかったという。結果として、ゴロフキンはドイツのプロモーターの元を離れ、ボクシングの本場アメリカに戦いの場を移すことになる。

そこからの快進撃はボクシングファンの皆さんがご存じの通りだ。「GGG」（ゴロフキンのニックネーム）は戦うたびに評価を高め、ファンの支持を集めていった。5度目の防衛戦でアメリカデビューを果たすと、新天地でも連戦連勝。試合は全米に中継され、攻撃的なスタイルと必ずKOで仕留める決定力がファンのハートをつかんだ。

そんなミドル級の頂点に立つ男との邂逅《かいこう》は、僕のプロデビュー1年後、14年7月に訪れた。ゴロフキンが元王者のダニエル・ギール（オーストラリア）との11度目の防衛戦を控えていたときで、彼が拠点とするカリフォルニア州ビッグベアレイクのキャンプに参加させてもらったのだ。帝拳ジムの同僚、ホルヘ・リナレス（ベネズエラ、世界3階級制覇王者）も一緒で、世界トップの強さとその理由を体感する狙いがあった。

ゴロフキンはアメリカに進出する際、アベル・サンチェスというヒスパニック系アメリカ人のトレーナーと新たに師弟関係を結んでいて、ビッグベアレイクはサンチェスのジムがあった。標高2000メートルほどの高地で、起伏に富んだ山道も多くトレーニングにはもってこいの環境だ。1990～2000年代のスーパースターで史上初の6階級制覇を達成したオスカー・デラホーヤも、試合前はいつもビッグベアレイクでキャンプを張っていた。

1週間ほどの参加だったが、メニューは実にハードだった。月、水、金は朝にロードワークをこなした後、午後にスパーリングが組まれた。火曜と木曜は朝にロードワークに加えて山の中腹でインターバルトレーニングを行った後、午後はジムに戻って徹底したフィジカルトレーニングが待っていた。新しいマシンを使うようなことはなく、かなり原始的なメニューだったのを覚えている。そして土曜日はビッグベアで最も高い山（標高2570メートル余り）まで一気に駆け上がるロードワークがあった。

ゴロフキンとのスパーリングは3ラウンドずつ2日間行った。当時の僕はプロで4戦を消化し、全てKOで勝っていたが、アマチュアからプロへのスタイル転換の途上だった。このときのゴロフキンとはもともとの実力差もあったし、僕以外のパートナーはライトヘビー級やスーパーミドル級の選手だった。スーパーミドル級の世界ランカーでのちにWBAチャンピオンになるジョージ・グローブス（イギリス）も来ていた。ゴロフキンとのスパーリングはラウンド数こそ多くはできなかったが、それでも印象には強く残っている。

「スパーリングはあくまでもスパーリング。相手を痛めつけることが目的ではない。互いのためになる練習でなければいけない。顔面を打って相手を倒してはダメだ」。ゴロフキンはそう言って、相手を倒しにかかるようなスパーリングは好まなかった。

だから、顔面ではなくブロックする腕をパンパン打ってくるのだが、これがものすごく痛かった。それまで経験したことのないパンチ力だった。腕でこれだけ痛いのなら、上にまともにもらったら……、と感じたものだ。2日目のスパーリングはいい感じにできていたのだが、最終ラウンドで頭を下げたところに後頭部にフックをもらって効かされてしまった。これまで試合を含めても一番パンチ力があったのは、やはりゴロフキンである。

その破壊的なパンチ力と並んで、キャンプの印象に残っているのは彼の紳士的な人柄だ。このとき、僕を追いかけてテレビの取材班が日本から現地まで来ていた。

当時の僕は五輪金メダリストとはいえ、まだプロで4戦しかしていない駆け出しの新人ボクサーである。世界中で場所と相手を選ばずに戦い、拳ひとつで人生を切り開いてきたゴロフキンにしたら、メディアを引き連れてきた若造に不快な感情を抱いてもおかしくないだろう。

だが、ゴロフキンは客人の僕らを快く受け入れてくれた。練習後にインタビュー撮影を受けていると、カメラの近くを通るときに「エクスキューズミー」と頭を下げて通ったりするのだ。お邪魔をさせてもらっているのは僕らの方なのに。リング内の強さだけでなく、リングを下りても素晴らしい人間性の持ち主だった。

ビッグベアレイクでのキャンプ参加から3年後、キャリアを重ねた僕は17年10月22日、プロ14戦目でアッサン・エンダム（フランス）との再戦を7回終了TKOで制してWBA世界ミドル級新王者になった。

5カ月前の空位の王座決定戦では第4ラウンドにダウンを奪い、終始ダメージブローで上回りながらも1―2の判定負け。WBAのヒルベルト・メンドサ会長が試合翌日に謝罪の言葉を発表するなど、採点が物議を醸し、ダイレクト再戦が認められた末の戴冠だった。

日本では五輪金メダリストがプロで世界王者になるのは初めてで、ミドル級の王者誕生は22年ぶりのことだった。第1戦の経緯もあって、試合に対する世間の注目度は極めて高かった。この試合を放送したフジテレビの視聴率は20%を超え、この年の同局の年間視聴率1位になっている。

第8ラウンド開始前、エンダムが赤コーナーから出てこようとせず、レフェリーが試合終了を告げた瞬間、僕はすぐに泣き顔になった。それだけ重圧は大きかったのだが、感動も覚めやらぬ中、腰に黒いWBAベルトを巻いた僕はリング上のインタビューでこう言った。

「本当にボクシングが大好きな人たちは知っているように、僕より強いミドル級はまだいます」

すかさず客席から「ゴロフキンだ!」と声が飛ぶ。「そう、そこを目指して頑張ります」と応じると、客席から大きな歓声を浴びた。今も鮮明に覚えている。

ゴロフキンとの対戦を目指す旅は、あの瞬間に始まったといっていい。五輪で金メダルを取り、プロでも世界チャンピオンになった。プロ入り時点で、世界チャンピオンになることは一種のノルマのように感じてきた。課せられた務めを果たしたとき、ボクシングをこの先も続けるとなれば、この人を目指すしかないと思うようになった。

このとき、ゴロフキンは連勝街道をさらに突き進み、17連続KO防衛という全階級を通じて最高タイ記録となる世界タイトル連続KO防衛記録を樹立していた。WBAスーパー王座に加え、WBCとIBFの3団体の統一にも成功していた。

僕がエンダムとの再戦に勝った1カ月ほど前、世界中が注目した「カネロ」こと宿敵サウル・アルバレス（メキシコ）との試合では引き分けで、3本のベルトを守っていた。デビュー以来の連勝は37で止まったが、多くの関係者やファンがゴロフキンの勝ちを支持する試合内容で、その評価は揺らいでいなかった。

翌18年、僕は4月にエマヌエーレ・ブランダムラ（イタリア）に8回TKOで勝って初防衛に成功すると、10月にボクシングの聖地ラスベガスでの防衛戦が決定する。

本田会長の頭の中には、ボクシングの本場アメリカで僕の存在をアピールし、一気に19年春にビッグマッチを実現させる狙いがあったのだと思う。会長は試合前に珍しく報道陣に対して「今回はKOを狙わせる」と話していた。

この試合はDAZNが独占ライブ配信した。日本ボクサーの試合を初めて中継することになったのも、その先のビッグマッチの計画があってのことだったと思う。試合前の番組プロモーションへの力の入れようはすごく、僕も期待をひしひしと感じていた。迎えた試合当日。会場となったMGMパークシアターのリングサイドには、ゴロフキン陣営のトム・ロフラー・プロモーターの姿もあった。

しかし、僕は周囲の期待に応えることができなかった。指名挑戦者ながら世界的にはほぼ無名だったロブ・ブラント（アメリカ）に大差判定負けを喫し、王座から陥落した。12ラウンドを通じて1200発を超える手数を出してきたブラントのパンチをもらい続け、プロに来てから初めて顔を大きく腫らした。採点はフルマークに近いもので、何一ついいところのない完敗だった。

その瞬間、ゴロフキン戦は泡と消えた。そのゴロフキンも僕がブラントに敗れる1カ月ほど前、カネロとの再戦を僅差の判定で落とし、プロ初黒星を喫するとともに9年近く守ってきた世界王座を明け渡していた。

それから4年の月日が流れて、僕とゴロフキンの対戦はついに実現に至った。僕は36歳、ゴロフキンは40歳になっていた。18年当時のことを知る人たちからは「あのとき対戦できていたらと思うことはないか」と聞かれたこともある。

僕の答えは100％ノーだ。ラスベガスの試合は負けるべくして負けたと思っている。もし、あのときの僕のボクシングで首尾良く勝ってしまって、そのままゴロフキンとの対戦が決まっていたら、はっきり言って相手にならなかっただろう。

ラスベガスで王座から陥落した後、僕の気持ちは一度は引退に大きく傾いた。家族と海外旅行に出かけ、久々にゆっくりした。だが、しばらくすると、あんな情けない試合がラストファイトでいいのかという思いがふつふつと湧き上がってきた。

再起に際し、自分のボクシングを見つめ直した。プロ転向後の僕は、ガードを高くアップライトに構えてワンツーを軸にするボクシングをしてきた。一発で攻守が入れ替わるミドル級では、被弾のリスクをできるだけ減らす必要があったからだ。世界挑戦まではただの1度も負けが許されないという立場も自覚していた。

ただ、そのスタイルにプロ入り以来、ずっと違和感を抱いてきたのも事実だった。自分の持ち味を発揮できていないと感じていたのだ。

ブラントに敗れた後、「4スタンス理論」というものを知ったのが転機になった。人間は一人ひとり、先天的に体の使い方や体重のかけ方、動きやすいフォームが異なっているという考え方で、自分の体をチェックしてもらったところ、僕は重心がかかと寄りで、アップライトな構えは適していないことが分かった。これだとパンチに体重が乗らないのだ。

僕は重心を落とし、膝を意識した構えに変えた。やってみると、すぐに変化を実感できた。パンチの手応えがまるで違う。右ストレートの単発で終わらず、コンビネーションで果敢に攻め立てる攻撃型に変貌した。

ラスベガスの敗戦から9カ月後、19年7月に大阪でブラントとダイレクトリマッチに臨んだ。初戦が一方的だったこともあり、僕の不利という前評判が大勢だった。でも、僕は帝拳ジムの仲間にも家族にも「必ず勝てる」と断言していた。練習からそれだけの手応えがあったからだ。周りには「ラスベガスで戦ったのは自分じゃなくて双子の弟」と冗談を言ったりしていた。僕の言葉を信じ、長男は妻と大阪まで試合を観に来た。息子が僕の試合をリングサイドで観戦したのはこの1度しかない。

結果は宣言通りの2回TKO勝利。それまでスロースターター型だった僕が、第1ラウンドからあんなに打ち合ったのは初めてだった。第1戦同様にスタートから飛ばしてきたブラントとハイテンポでパンチを交換し、打ち勝った。ミドルレンジのコンビネーションといい、最初のダウンの起点となった左フックといい、新境地を開いた手応えがあった。

5カ月後の初防衛戦も、新鋭スティーブン・バトラー（カナダ）の挑戦を5回TKOで退けた。ブラント戦に引き続き、自分のボクシングに自信が生まれていた。試合後の控室ではプロモーターのボブ・アラムさんと並んで報道陣に囲まれた。この試合のためにデビュー戦やブラント第2戦に続いて日本に来てくれたアラムさんは上機嫌で「東京オリンピックの前に東京ドームで大きな試合を実現させよう」と語った。

今となっては昔話なので打ち明けるが、バトラーに勝った直後の僕の第一ターゲットはゴロフキンからカネロに移っていた。先にも書いた通り、18年9月に行われた再戦でゴロフキンはカネロに敗れ、ミドル級盟主の座は交代していたからだ。

既に人気面でマニー・パッキャオやフロイド・メイウェザーの後を継いでスーパースターの座を確立していたカネロはこの頃、「アジアや中東で試合をしたい」と発言をしていた。日本に呼ぶとなると莫大なお金がかかるが、カネロは18年秋にＤＡＺＮと11試合３６５億円（当時の為替レート）とされる巨額契約を結んでいて、日本開催の可能性はたしかにありそうだった。

僕がバトラーを退けて迎えた20年の年明け早々、アメリカでカネロの次戦候補として僕の名前が報じられ始めた。この頃はよく友人、知人からも「カネロとできるの？」と聞かれたのを覚えている。適当に答えてはぐらかしていたが、実際に本田会長とカネロが当時契約していたゴールデンボーイ・プロモーションズの間で交渉は行われていた。本田会長が交渉のために渡米し、僕は日本で連絡を待っていた。

ボクサーは、相手の名前を聞けば、自然と仮想試合を想像してしまうものだ。練習していても、カネロのイメージばかりが頭に浮かんでいた。ジャブと見せかけて飛び込むように打ってくる長い左フック、左ボディーの上下への打ち分け。右のオーバーハンド……。

結局、交渉はまとまらなかった。そのままコロナ禍が押し寄せて話はなくなった。カネロも階級をスーパーミドル級に上げていった。そして、再び群雄割拠となったミドル級の主役に戻ってきたのがゴロフキンだったのである。

19年10月にIBF王座決定戦でセルゲイ・デレビヤンチェンコ（ウクライナ）に判定で勝利した彼は世界王座に復帰し、20年12月には指名挑戦者のカミル・シェルメタ（ポーランド）から4度のダウンを奪い、7回TKO勝利を収めていた。往時の迫力こそ少し薄れたかもしれないが、ベテランならではの巧さが加わり、今なおミドル級随一のビッグネームであることに変わりはなかった。

互いの敗戦やすれ違いを乗り越え、こうして対戦が決まったのはゴロフキンとは縁があったということだろう。そして、この試合は僕にとって運命だったのだと思う。

2021年11月17日（セッション第2回）

（中略）

村田 怒りに身を任せて打ちにいったことはないです。怒り（の感情）は競技に使っていません。恐怖をごまかすために怒りに変えているだけで、建設的じゃない気がする。

田中 感情がある自分には気づくけど、そのこと（感情）は無駄なんだね。

村田 無駄とまでは言いたくないけど、ごまかしているというか、それよりも大事なことがないかって。大事なのは作戦や勝つための方法を実行していくこと。もっと言えば、勝ち負けは副産物。勝ち負けを直接的に追いかけてはいけない。やるべきことをやって、その結果負けたら仕方ない。

田中 このプロセスをずっとやるだけですよね。

村田 きょう練習していて思ったんですが、今まで試合に向けてやっていたことをやっていない自分がいるんです。なぜかと思うと、相手がゴロフキンだからなんですね。
ゴロフキンには今までのやり方では通用しないのではないか、と考えている自分は、自分自身を見失っているんじゃないか。相手は誰であろうとやるべきことは同じで、自分の長所を生かすやり方をしないとだめなのではないか。あまり相手の研究ばかりして相手のスタイルに合わせようとすると、自分の良さが消えてしまうんじゃないかと思っています。

田中 当然そうだと思います。ボクシングがそうなのかはともかく、相手が誰であれ、自分のやるべきことは同じはずですよね。戦術として変えることはあっても、諒太さんがやるべきことは一緒のはずです。準備の仕方という意味でも。

村田 ゴロフキン用のボクシングに偏り過ぎているような気がして。もちろん必要なことなんですけど、今までの自分じゃ勝てないという前提に立っていないかと。今まで通りのやり方でもチャンスがあるし、むしろそっちの方が大きいかもしれないのに。大一番で相手に合わせることばかり考えすぎている気がします。

田中 いわゆるコンタクトスポーツなので、相手によって変えていいことと、変えてはいけないことがあると思いますが、それを今、諒太さんは精査しているんじゃないですか。

村田 どっちを取るべきなんだろうと考えると、やっぱり自分の得意なものを出すべきじゃないのか。その上で相手のパンチを警戒しながら戦うだけの話であって、あまり相手に意識を向けすぎるとこっちまで崩れてしまうなという気がしています。

田中 ゴロフキンさんはどう思っているんでしょうね。

村田 彼は19回防衛してきた自信があるので、自分のやり方を曲げる必要はなくて、これをやり通せばいいと思っているはず。特別な僕対策とかないと思います。

田中 だけど、諒太さんはゴロフキンさん対策をしなければいけないの?

村田 そこに行き着くなと思いまして。何でこんなにゴロフキン対策ばかりしているんだろうって。俺はブラントからベルトを取り返した試合（2019年7月）でやったボクシングをやればいいんじゃないか。なぜ自分で自分を否定しているのか……。

ジョハリの窓

京さんとのメンタルトレーニングは、1週間に1度のペースで行っていくことになった。何か決まったメニューが用意されているということはなく、「セッション」と呼ばれる対話を通して自分の深層心理に迫っていくというやり方だった。

僕が口にしたことを、京さんは大きなホワイトボードにどんどん書きだしていく。京さんが僕の感情表現やワードセンスを認めてくれていたせいか、事前に決められたテーマに沿って話すことはほとんどなかった。セッションは幾つかの取り留めがない話を渡り歩いた末、いつの間にか本題に移っていくということが多かった。

2回目のセッションも同じような流れで進んだ。神様のこと、東洋大職員時代の思い出、南京都高校の愛すべき仲間たちのすべらない話と、話題を次々と変えた僕は、思い出したようにその日の練習で感じた違和感を口にした。

今の僕はゴロフキン対策に囚われすぎていないか、という自分自身への疑問だった。

最終的には僕は「攻撃こそ防御」という発想に至ったのだが、試合に向けた練習を始めたこの頃、頭の中は相手の攻撃力に対する警戒心に支配されていた。打ち合わず、距離をしっかりコントロールし、相手のスタミナが落ちてくるのを待ってから後半勝負、という受け身の戦法が頭にあった。いわば相手本位でボクシングを考えていた。

試合まで約40日となり、メキシコから呼び寄せた3人のスパーリングパートナーもコロナ対策の隔離期間が終わろうとしていた。翌週からの本格的なスパーリング開始を控えていた。実戦練習に入る前にゴロフキンの映像を毎日のように見ていたせいか、頭の中でゴロフキンの虚像が過度に膨らんでいたのかもしれない。

今までのプロ18戦は全て自分が普通にやれば勝てる試合だった。僕の不利という声が多かったブラントとの再戦でさえ、僕自身は自分が本来の力を発揮すれば絶対に勝てる自信があった。実際、その通りになった。

しかし、今回だけは違う。ゴロフキン戦は僕にとって事実上、初めてアンダードッグ(予想不利)の側に回る試合だった。海外のスポーツブックのオッズでも4対1から5対1でゴロフキン有利と出ているようだった。かなりの開きだが、これまでの実績を考えれば当然の数字だ。

僕も100%勝つ自信があるなんて言い切れなかった。ブラント第2戦で手応えをつかんだボクシングをゴロフキン戦でもやるだけだ、という内なる声を、ゴロフキンには通用しないぞとささやくもう一人の僕の声が打ち消していた。

自分を見失いかけていた僕に対し、京さんは一つの心理学モデルを提示した。

「ジョハリの窓というのを知っていますか」

ジョハリの窓とは、ジョセフ・ルフトとハリ・インガムというアメリカの2人の心理学者が1955年に発表した心理学のモデルだそうで、2人の名前を組み合わせて「ジョハリ」と呼ばれているそうだ。

自分と他人の認識のズレを理解するためのワークシート（手法）で、自己理解を深めながら対人関係を円滑に進めるための考え方として使われているという。僕は初めて聞く話だったが、企業でコミュニケーションの促進や、社員の能力開発にも活用されているという。

京さんによると、「ジョハリの窓」では人を4つの領域に分類し、それを窓に例えて考察するということだった。

①　開放の窓（自分も他者も知っている自己＝自分）
②　盲点の窓（自分は気づいていないが、他者は知っている自己）
③　秘密の窓（自分は知っているが、他者には気づかれていない自己）
④　未知の窓（誰からも知られていない自己）

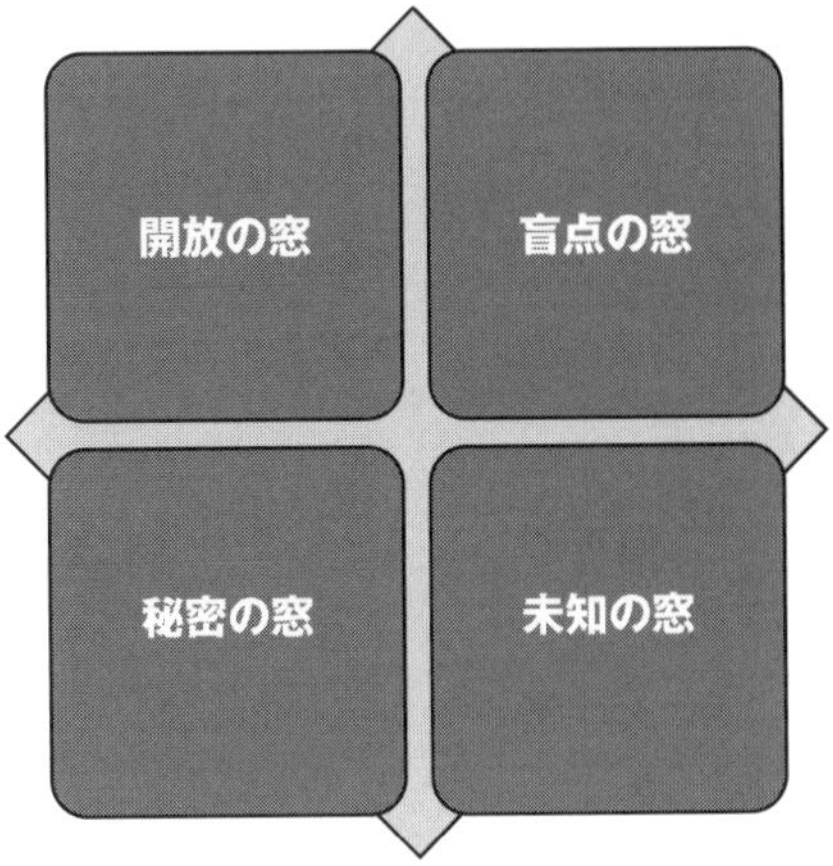

4つの窓に一つずつ、自分（村田諒太）と他者（ゴロフキン）を当てはめて考えてみる。
①「開放の窓」はプレッシャーをかけて右ストレートが得意な自分。すぐに頭に浮かんだ。②「盲点の窓」はちょっと出てこない。③「秘密の窓」は少し時間がかかった後、頭に浮かんだことを僕は口にした。
「ゴロフキンは3ラウンドまでに主導権を握ったら、そこからペースを落とすことが

多い。スタミナをセーブして、逆に相手がスローダウンしてくる9ラウンド以降に再びギアを上げる。だから、僕は彼が休みたがる第4~8ラウンドあたりが狙い目だと思っています。彼はそこをつけ込まれるとは思ってないんじゃないかな」

京さんは「何か戦術を立てる上で使えるかもしれないね」と言った。自己を客観視することで、戦術もよりクリエーティブになるとのことだった。

もう少し粘って、②「盲点の窓」をもう一度考えてみる。自分自身は気づいていないけど、ゴロフキンが知っている村田諒太となれば、これは想像力を働かすしかない。時間はかかったが、ある考えが浮かんだ。

「自分はブロッキングが武器だと思っているけど、ゴロフキンにしたらブロックの上からでもパンチを打っていけば俺が手を出せなくなると思っているかもしれないな。そうなると自分が武器だと思っているものが、相手には脅威でもないことになる。じゃあ、ガードから入るのではなくて、サイドに動くことが大事になってくるのかな……」

京さんはニコニコしながら「一番楽しそうな顔をしていますね」と言った。

相手からどう見られているかという視点で自分を見つめるということは、それまであまり意識したことがなかった。とても新鮮に感じ、新たな自己の発見とゴロフキン戦の戦略づくりにつながるかもしれないと思った。京さんは「試合当日までに、今の時点では自分も相手も知らない自分（④未知の窓）が見つかると一番いいです」と言った。結局、相手のことも自分のことも知らないことがたくさんある。それなのに、闇雲にゴロフキンの力を恐れたり、自分を低く見積もったりしても意味がないということだ。心理学のアプローチによって、霧のかかっていた頭の中が少し晴れた気がした。

京さんは、もう一つ心理学のモデルを使って僕に問いかけてきた。それは「実力発揮のモデル」と呼ばれるもので、アメリカのオリンピック選手を対象にしたワークショップなどで用いられているという。京さんはホワイトボードにピラミッドの図を書き、下から順に「哲学・価値観（フィロソフィカル）」「身体（フィジカル）」「技術（テクニカル）」「戦術（タクティカル）」「心理（メンタル）」と書き込んだ。

京さんによれば、一番下の土台に当たる「哲学・価値観」が最も重要ということだった。今はやりの言葉であるパーパス（目的）とか、意味づけと言い換えてもいいと

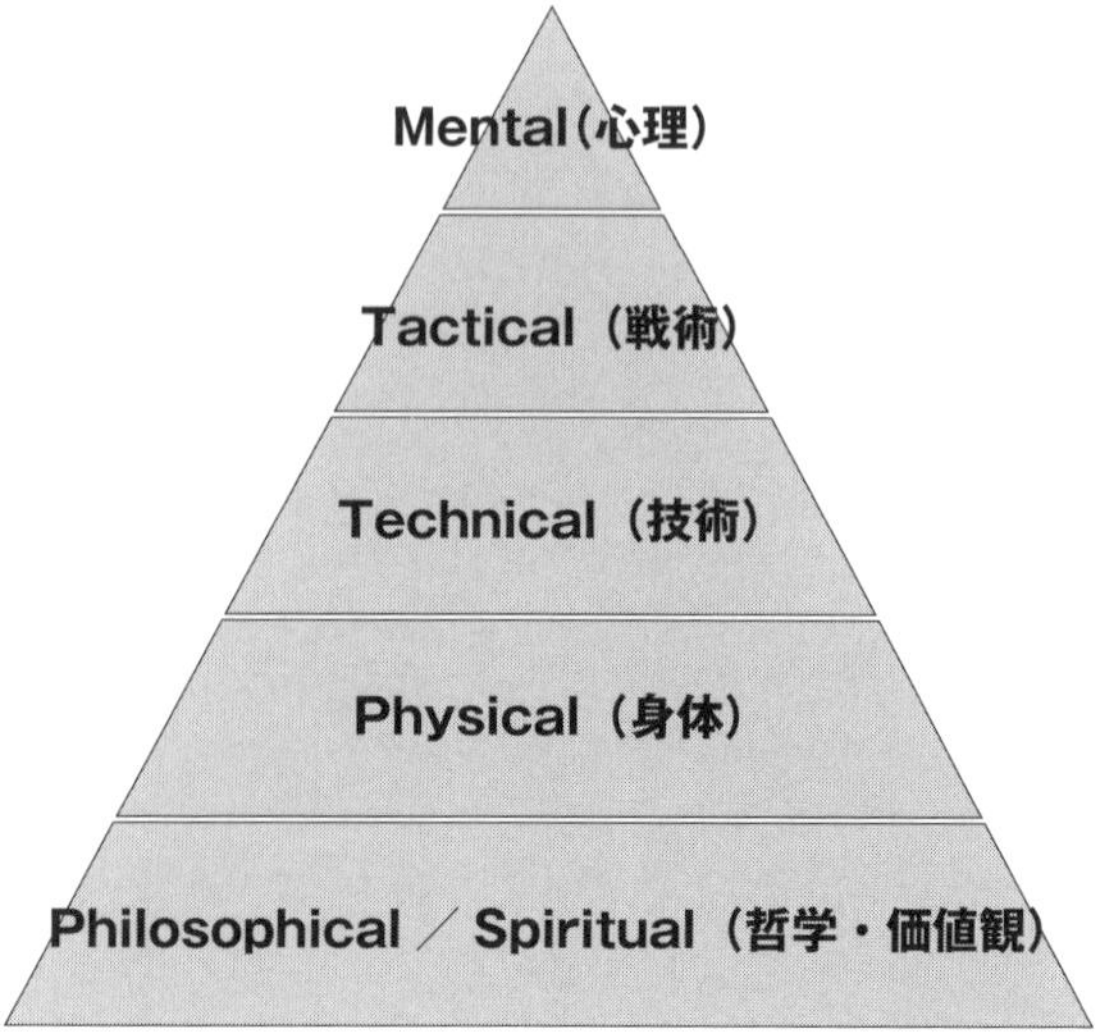

いう。これがあって初めて、なぜ体を作るのか、作った体にどんな技術を乗せて、どう戦うのかが見えてくる。そして、これらの要素をちゃんと本番で機能させることができるかは、最後のメンタルに懸かっているということだった。

京さんは「人間が本当の実力を発揮するにはパーパスが必要。本当の迫力というのは意味から来ます」と言った。だとしたら、僕がゴロフキン戦を戦う意味はどこにあるのか。

僕がゴロフキンと対戦したいと思った理由は、彼がリアルなチャンピオンだからだ。ボクシング界にはWBA（世界ボクシング協会）、WBC（世界ボクシング評議会）、IBF（国際ボクシング連盟）、WBO（世界ボクシング機構）と4つの世界タイトルが存在する。それゆえに、誰が本当に一番強いのか、分かりにくいと長らく言われている。王座乱立はボクシングの人気が落ちた理由だと批判の対象となることも少なくない。

そんな中で、かつてWBOを除く3団体の統一王者でもあったゴロフキンは紛れもなく、ミドル級ナンバーワンの選手だ。彼に勝てば自分が本当のチャンピオンだと胸を張って言える。では、なんで最強のチャンピオンと戦わなければいけないのか。禅問答のようだが、僕はボクシングを始めた原点にその理由を見つけることができた。

ボクシングを始めたのは奈良に住んでいた中学生のときである。当時の僕は家庭の事情もあって、心がかなりすさんでいて荒れた生活を送っていた。勉強や部活動には一生懸命になれず、悪ぶることで特別な存在であろうとした。

ただ、学校では不良ヤンキーのグループには加わらず、一匹狼のタイプだった。きっとそれが不良の先輩たちの目には生意気に映ったのだろう、校内で因縁をつけられたり、からまれたりすることが少なくなかった。中学2年のある日、ゲタ箱で靴を履き替えて帰ろうとしていたとき、3年の不良がやってきてかつあげされそうになった。

僕が抵抗して1発殴ったら、そいつはあっさり体勢を崩したので、そのまま頭を押さえつけてやった。けんかというのはやれば肌感覚で互いの力関係は分かるものだ。これ以上やっても仕方がないと思い、そのまま帰ろうと歩き出した。そうしたら、背中からいきなり蹴られた感触があった。振り返ると、さっき倒したやつが立っていた。僕は「はい、はい」と相手にせず、そのまま学校を後にした。勝負は既についていると思ったからだ。

だが、翌日に学校に行くと、僕がけんかで負けたという噂が回っていた。中学校のけんかなんて言ったもん勝ちみたいなもので、やられたやつが「あいつが生意気だから、締めてやった」と言いふらしていたのだ。ばからしくなった。こいつらと争ってもウソばっかりつきやがる――。それで僕はボクシングを本格的に始めた。
だから、ゴロフキンという最強のチャンピオンがいるのに、戦わずしてチャンピオン面《づら》しているのは、あのときの僕にウソをつくことになるのだ。お前、僕はチャンピオンですと言っているけど、他にもっと強いチャンピオンいるじゃん、ウソじゃん。
中学2年の高本諒太少年（当時は父親姓だった）はきっと今の村田諒太にそう言うだろう。ゴロフキン戦は、中学生だったころの僕との約束であり、果たすべき義務なのである。戦える位置まで来た以上、逃げることのできない試合だった。

中学時代はけんかも多くて、肘打ち1発で年上の不良を失神させたこともある。いつのまにか、「あいつはヤバい」という噂が校内で広まり、先輩も1人では誰もからんでこなくなった。そのくせ、トイレなどで複数の人数で取り囲んできたりするのである。それでも、既にボクシングをかじっていた僕の強さを恐れてか、ちょっかいを出してくるばかりで本気では殴っては来ない。それも僕は嫌いだった。やるなら正々堂々とやれ――。

正々堂々。僕の中でこの言葉が重いことに気がついた。京さんが教えてくれた「実力発揮のモデル」ピラミッドでいえば、一番ベースとなる「哲学・価値観」にあたるものだ。

逆に言えば、負けても正々堂々と勝負できれば受け入れられる気がした。もちろん、負けたくはないが、自分の実力を発揮して負ければ、相手の力が上だったと素直に認められる。むしろ、弱いのに「俺は強い」と言い張る方がかっこ悪い。

「僕のベースはそこですね。正々堂々と実力を発揮して勝負できれば、その時点で70点、80点あげられるわけで、勝てれば100点になる。そう考えると、自分の中で勝ち負けの点数はあまり高くないんだな」

自分で言ってみて、あれっと思った。1週間前の最初のセッションで、僕は「勝利がほしいです」と言っていたはずだ。たしかに勝ちたいと思っている。だけど、それ以上に実力をちゃんと出し切りたいと思っていることに気づいた。

そういえば、ロンドン五輪決勝もエンダム第2戦も勝ったのに素直に喜べないのは、内容が気に入らないからだ。つまり、自分の実力を最大限発揮できなかったからだ。

「自分がコントロールできることに集中するしかない、ということだよね」と京さんは言った。たしかに自分のパフォーマンスが悪くても、ジャッジの採点が味方して勝てることはある。その逆もある。自分には相手の実力やコンディションをどうすることもできない。ならば、やることは一つしかない。

正々堂々と戦い、実力を発揮する——。僕にとって一番大事なものを守るため、肉体を鍛え上げて、技術を磨いて、戦略を練る。その過程を通じて、メンタルを整える。

最強の男と戦う村田諒太のベースが見つかった気がした。

あと1カ月余り、やるべきことをやろう。あと1カ月、のはずだった。

Nov. 17th, 2021

20時8分　村田

今のままで通用するという肯定的な考え方をしながら、技術的なところも確認して試してまいります。

22時5分　田中

諒太さんは思考体力がありますよね。

あれだけの時間、自分の思考に向き合えるのは、「辛抱強い人」なんだなーと思いました。色々私自身にも学びや気づきがあります。

22時9分　村田

そんな風に言っていただくことが恐縮です……。

心が整理されるとヤル気って出るものですね。面白い……。

Nov. 24th, 2021

20時50分　村田

本日もありがとうございました。

宿題（Who am I? = 私って何者？の答えを考える）

ですが、村田諒太はカッコつけたい人間に思います。カッコ悪い思いをしたくないとも言えますが、カッコつけたいのだと思います。

例えば、今こうやって作っている文章も恥ずかしくないだろうかという気持ちを持って作っています。

（中略）

ゴロフキンという強豪を相手にすることも、自分の実力が出せれば、それで80点ということも、お客様が喜んでくれればという視点のそらし方も、「カッコ」さえつけば別に良いのだ、という自分自身故のことかと思います。

エンダム1戦目に変な判定で負けた時、悔しくなかった理由は「カッコがついていた」からだと推測されます。

21時57分　田中

「カッコつけたい人間」だな自分は、って気づいた瞬間からすでに「カッコつけたい」じゃなく「カッコいい」じゃないですか。

カッコつけたいのではなくカッコよくありたいのでは？

21時59分　村田

カッコよくありたい……そうかもしれません。良く言えば、です。
カッコ良く見られたい
たしかにカッコ良く見られるだけで、内面がダメだと自分を認められないので、カッコよくありたいなのかもしれません。

（中略）

22時07分　田中

試合では、諒太さんのやりたいことをやれば絶大な力が出るということではないでしょうか。
思う存分、自分を出せばいいのでは。
村田諒太のown thingを見つけていきましょう。

22時36分　村田

カッコよくありたいのに、カッコ悪いことをしてしまう自分を知っているから、その差を恥じて、カッコよくありたいと堂々と言えないのだと思います。
お前の考えは行動と矛盾している
お前はカッコいいと思われたいだけだ
カッコよくありたいなら、何故恥じるような行動、人に言えぬことをすると問いかけるもう一人の自分に答えきれません。
心の底から「カッコよくありたい」ではなく、ただ他者に「カッコよく見せたい」だけではないか。
でも、お前は正直に生きている、そして少なからず、自分の恥を認め、見つめ、理想を見ようとしている。
それに努力をしているのであれば「カッコよくありたい」ということを言っても良いだろう。しかし、本当に努力しているかね？
お前はカッコ良くある人間としての努力を重ねているか？　上っ面だけじゃないか
お前は所詮、カッコ良く見せたいだけだ
理想や幻想、妄想ではない、行動を伴って、お前とせよ
今のお前は、カッコよく見せたいだけに過ぎない
思う存分の自分
own thing
怖い
恥をかきたくない
でも今までのボクシング人生、集大成を見せたい、
自分自身に
武元先生に

家族に、支えてくれるみんなに
集大成ってなに??
培ってきたものは?
恐れ、恐怖を克服してきた姿、根性ナシがここまでやれるようになった、恐怖に負けなかった
人として成長したという姿
勝ちたいという人一倍の意欲
そうなると……勝ち負けではなく、自分の実力を発揮できるかどうか、が最低限の自分への答えになりそうです。

22時49分　田中

あーいいですねぇ。

やっぱり諒太さんは、字で出す「村田諒太」もいいですね。

私がメンタルの専門家として素敵だと思う人は「みっともないくらい必死で、勝ちにこだわっちゃって、カッコ悪いのは絶対いやだから今日も頑張る」的な人。人間臭くて、人間っぽくて素敵だと思います。

少なくとも嘘がありません。

22時59分　村田

カッコ良いとかどうとか、結局は後になってついてくるものかもしれませんね。カッコ良いを直接に求めるのではなく、愚直にでも、素直に進むことが、結果としてカッコ良いとなるのかもしれません。

京さんの仰るように「カッコ良くありたい自分がいる」ということの認識、それが恥ずかしくも自分であるということを理解して、上手く揺れていければ良いのかなと、色々吐き出して思っております……。

夜分遅くに延長戦大変申し訳ございません……。

第3章 試練

2021年12月1日（セッション第4回）

（中略）

村田　一昨日くらいは「もう、京さん！」って心の中で叫んでましたよ。この気持ち、どうしたらいいですかって。

田中　私も考えもしなかったよ。これだけの試合、やるものだとばかり思っていたから。

村田　この状況になって、人と比べてしまう自分がいるんです。このこと（延期）自体はすごく腹は立つけど、受け入れざるを得ない。でも、他の選手が試合をできる状況にあるのを知ると、苦しみが増してくる。誰かと比較することって、すごいマイナスだなと。よくないことだと分かっているし、自分の息子、娘にも「自分は自分、人は人だ」と言っているくせに、自分が一番できていない。

田中　現役で競技をやっている間はあまり善人になってほしくないけどね。（人と自分を比べて）「人の上に立ちたい」という感情は、競技者としては全然ありだと思うよ。

（中略）

村田　すごく不安になっちゃって、やっぱり。

田中 すごく不安とは、どういう意味？

村田 試合があるのか、ないのかという状況の中で練習していて、こんな状況でやってケガをしないだろうかとか、集中力を保てているだろうかと考えてしまうんです。100％の集中はできていないです。目的が見えないままハードな練習しているので。試合があるのかないのか、はっきりさせてくれれば、やるんだ、（力を）抜くんだと決められるけど。

田中 目標がないですか。それとも目的は決まっている？　うーん、どっちもしっくりこないかなあ。

村田 マラソンでいえば、40キロ地点なわけです。よーし、あと2キロだ、ここから最後もう一度ペース上げるぞ、と思ったら、突然「このレースは50キロに変更されました」とアナウンスが流れたような。いやあ、しんどい。

田中 そうか、（ゴールが）遠のいたわけだ。なくなりはしないもんね。

村田 いや、なくなる可能性もあるわけです。

田中 そうだった……。

7度目の中止・延期

「外国人の入国については11月30日午前0時より全世界を対象に禁止と致します」

一瞬、耳を疑うようなニュースが飛び込んできたのは2021年11月29日のことだった。新型コロナウイルスの新たな変異株オミクロンの感染拡大を受け、岸田文雄首相は水際対策の強化を発表した。

このまま試合が流れることになれば、新型コロナウイルス禍が襲った20年以降で都合7度目。ゲンナジー・ゴロフキン戦の発表会見からわずか17日、12月29日の試合まででちょうど1カ月となったところで、僕はまたも霧深い森の中に迷い込んでしまった。

興行の準備は着々と進んでいた矢先のことだった。帝拳ジムのスタッフからは、ゴロフキン陣営一行が宿泊する予定となっている東京・紀尾井町のホテルはワンフロア丸々貸し切りで、レストランやエレベーターも含めて一般宿泊客とは一切接触しない「バブル」環境が整えられると聞いていた。

プロモーターの本田明彦会長が、その経費を「4000万円以上」と話しているのも報道で目にしていた。ゴロフキンは試合3週間前の12月8日に来日する予定になっていた。

それだけのコロナ対策を敷くのだから試合も許可されるのではないか、と個人的にはいちるの望みも捨ててはいなかった。海外からの来日はゴロフキン陣営にとどまらない。レフェリー、ジャッジ、立会人などの試合役員も第三国の人たちが務めることになるが、必要な書類なども全て関係各機関に提出済みとのことだった。昼夜を問わずこの試合の準備にあたってくれているジムのスタッフや関係者の方々には本当に頭の下がる思いだった。

だが、政府の発表直後から、舞台裏では関係者が慌ただしく動き回っているのが何となく雰囲気で分かっていた。試合会場やホテルは1日遅れただけでもキャンセル料の額も大きく変わってくる。試合ができなくなった場合の放送権者との調整、チケットやプログラムの印刷、グッズの製作など影響は広範囲に及ぶ。リスクを考えれば、早めの判断は当然のことだと納得せざるを得なかった。

帝拳ジムは12月3日、試合の延期を正式に発表した。

僕はSNSを通じて「感染防止のため、早急に決定した政府の対応に賛同し、支持致します。今回のことは真に自分の人生を愛するための試練と受け止めております」

とコメントを出した。

コメント上では冷静を装ってはいたが、既に2日前に内々に延期を言い渡されていた僕は、京さんにセッションで恨み、つらみをぶつけていた。

「これで7回目の延期ですよ。正直、この1年8カ月の間、1回も心が休まってないんですよ。きょうもスパーリングやったんですけど、どうやってモチベーションを保てって言うんですか」

冗談めかして言ったつもりだけど、京さんもこんなことを言われて困っただろう。でも言葉にして吐き出さないと、やっていられない心境だった。僕がフラストレーションを感じていたのは、単に自分の試合が延期になったということだけが理由ではなかった。

この12月は、僕の試合以外にも世界タイトルマッチが3試合予定されていた。13日の井上尚弥選手のWBA・IBF世界バンタム級タイトル防衛戦、同日の谷口将隆選手が挑戦するWBO世界ミニマム級タイトル戦、そして大みそかの井岡一翔選手のWBO世界スーパーフライ級タイトル防衛戦である。

結果的には、僕だけがリングに立つことができなかった。

井上選手の相手のタイ人挑戦者、谷口選手が挑んだプエルトリコ人王者は、政府の入国禁止措置が発動されるギリギリ直前の11月28日に来日していた。井岡選手は当初予定されていたＩＢＦ王者のジェルウィン・アンカハス（フィリピン）との統一戦は実現しなかったが、日本の福永亮次選手に対戦相手を変更することで試合を開催した。

もちろん、彼らはちゃんとルールに則っていて、責められるようなことは何もない。だけど、このときの僕には現実を受け止めるだけの余裕がなかった。

なんで俺だけ？

考えが醜い、美しくないと頭の中では分かっているのだが、感情を抑えることができなかった。人間というのは、つくづく比べたがる生き物だなあと痛感する。それによって、余計に苦しい思いが増すだけで、考えたところで状況が変わるわけでもないのに、自分の思考を制御するのはとても難しい。

この日、僕はちょうど前回のセッションからの宿題で出されていた「Who am I?（私って誰？）」について考えたことをボイスメモに吹き込んでいた。スマホを取り出して、京さんと一緒に聞く。

「かっこ悪いですが、人の上に立ちたい、人より上にいたい人間なのかなと思います。どんな状況でも誰かより上にいると思うと、それだけでメンタルが安定するけど、少しでも相手の方が上にいると感じたり、横に並ばれていると思うと、やきもちをやいてしまうタイプなのだと思います……」

京さんは笑っていた。「気持ち全然分かる。誰でもそうだよ」と共感してくれた。

こうやってありのままの自分の感情を出して、それに気づくことが、メンタルトレーニングではとても重要ということだった。本当なら向き合いたくない自分、見たくない自分をどれだけ表に出していくか。このときの僕が見たものは、自分の心に通底する嫉妬心だった。

それにしても、ここまで試合ができなくなるとは想像もしていなかった。

コロナ禍の中、僕の試合は既に6度流れていた。20年6月、9月、12月と中止が続いてプロになって初めて1度もリングに上がることができないまま1年が終わった。ただ、このときは周りの選手たちも同じような状況だったし、夏に予定された東京五輪・パラリンピックさえ史上初の延期になった。自分の中で受け入れることがまだできていた。

年が明けて21年は2月27日に横浜アリーナ、5月29日に両国国技館で開催が試みられたが、どちらも緊急事態宣言の延長で実現に至らなかった。5月のときはカルロス・モンロー・ジュニアというWBA3位にランクされるアメリカ人選手を相手に、観客数を1万人収容の国技館に2000人まで制限して開催の準備が進められた。だが、相手側が日本の厳格な隔離措置を理由に「最後のコンディションを作れない」として来日を拒否。9月も具体的な日取りや対戦相手が決まる前に流れた。

さすがにきつかった。もう早く試合をこなして、お金だけもらって解放されたいというのが僕のこのときの率直な気持ちだった。1年8カ月近く生殺し状態が続いてきて、7度目の延期・中止となったとき、僕の中ではもう、勝つ、負けるは二の次になっていた。もちろん一時的な感情だが、このときは1日も早くこの状況から解放されたい気持ちの方が上回っていたのは事実だ。

最終的に僕のブランクは約2年4カ月に及ぶことになるが、これは歴代の日本の世界チャンピオンの中でも断トツの最長である。世界を見渡しても、これだけ長くリングに上がらなかった（上がれなかった）王者はいないのではないか。ブランクの理由は、ひとえに僕が日本で稀有なミドル級のチャンピオンだというところにあった。

ミドル級の壁

ミドル級。その名の通り、上限体重160ポンド（72・5キロ）のこの階級はヘビー（重い）級とライト（軽い）級の間にできた階級である。130年を超える歴史があり、これまでも数々の名選手を輩出している。

プロボクシングが最も華やいでいた時代の一つ、1980年代はマービン・ハグラー、シュガー・レイ・レナード、トーマス・ハーンズ（いずれもアメリカ）、ロベルト・デュラン（パナマ）が三つどもえならぬ〝四つどもえ〟の戦いを演じ、ヘビー級をはるかにしのぐ人気を集めた。

その後も史上初めて主要4団体統一王者となったバーナード・ホプキンス（アメリカ）、僕が少年時代に憧れたフェリックス・トリニダード（プエルトリコ）などの名選手が活躍した。こうしたミドル級名王者の系譜に今名を連ねるのがゴロフキンである。

ミドル（中間）という言葉の通り、欧米では平均的な体格で、2階級下のウェルターー級などとともに「中量級」と称される。選手層も厚く、世界の壁は高い。日本からミドル級王者になったのは竹原慎二さん（1995年、WBA）と自分の2人だけだ。

日本ではミドル級は中量級ではない。長らく日本ランキングでは一番上の階級だった（今はヘビー級が復活している）。完全な「重量級」である。ボクサーの数もバンタム級以下の「軽量級」、フェザー級からライト級を中心とする「中量級」に比べて圧倒的に少ない。日本ランキングが10位まで埋まることもまずない。

コロナ禍のさなか、井上選手や京口紘人選手（WBA世界ライトフライ級王者）、岩佐亮佑選手（IBF世界スーパーバンタム級暫定王者）といったチャンピオンが海外のリングに上がり、井岡選手や寺地拳四朗選手（WBC世界ライトフライ級王者）も国内における日本人対決で防衛戦の機会を得ていた（肩書はいずれも当時）。

そんな中で僕一人だけが身動きが取れなくなってしまったのは、日本におけるミドル級の選手層の薄さも大きな理由だ。

日本のボクサーが圧倒的に多い軽量級なら、簡単に国内でスパーリングパートナーを見つけることができる。コロナ禍前はフィリピンなど海外からパートナーを呼び寄せていた井上選手も、大橋ジムの勢いのある若手選手や国内の実力者たちを相手に練習を継続することができたようだ。井岡選手も同様だろう。

僕の場合はそれが難しい。国内のミドル級近辺に世界タイトルマッチに向けた質の高いスパーリングの相手が務まる選手がいないのだ。自衛隊や大学のアマチュア選手、ジムの後輩とのマスボクシングと呼ばれる目慣らし程度の軽めのスパーリングが精いっぱいで、試合ができるまでの肉体、技術を仕上げることは難しい。

コロナ禍前は、僕のスパーリングパートナーは帝拳ジムが全て海外から呼んでくれていた。19年に行った直近2試合の際は、試合2カ月ほど前から4～5人のパートナーがいて、質量とも十分なスパーリングを積むことができた。

タイトルを奪還した19年7月のロブ・ブラント第2戦の前は、当時世界ランキングに入っていたルイス・アリアス（アメリカ）のような実力者もいて、気の抜けない試合さながらのスパーリングができた。再戦で王座を奪還できた裏には、間違いなく質の高い練習があったからだと思っている。

実は、コロナ禍の最中にも2度、スパーリングパートナーを海外から呼んでもらったことがある。20年の秋にメキシコ人とウクライナの選手、21年の春には2人に加えて元WBA暫定王者のアルフォンソ・ブランコ（ベネズエラ）も来ていた。感染状況が落ち着いた間隙を縫っての来日だった。21年夏に延期になった東京五輪・パラリンピックに向けて、スポーツ選手の入国を条件付き特例で許可する制度があったのだ。ただ、肝心の試合はどちらも実現に至らなかった。2、3カ月先に試合を行うことを見越してのスパーリングだったが、その間に感染状況が悪化してしまったからだ。

ところで4、5人のスパーリングパートナーを海外から日本に呼ぶとなると、旅費、滞在費、日当などの費用は相当な額になるはずだ。おそらく、これだけで軽量級の世界タイトルマッチが開催できるくらいのお金がかかるだろう。

そうした経費を回収するためにも、お客さんを多く入れる大会場を押さえなければいけないし、興行のスポンサーも集めなければならない。対戦相手のファイトマネーも軽量級とは桁が変わる。軽量級の世界タイトルマッチより開催のハードルが一段も二段も高いのだ。さらにコロナ禍は運営面でも試合開催のハードルを上げていた。

それを考えたら、大変なのは自分だけじゃないと目が覚める思いがした。今まで享受してきた練習環境や試合の機会が当たり前のことじゃなかったと改めて実感する。

コロナ禍で中止になるたび、再トライして準備に尽力してくれた関係者の人たちも、きっと僕と同じような徒労感や虚無感を味わっていたのだろう。ビジネス上のリスクを背負っている人たちの気苦労や不安は、僕のそれとも違う大変さがあったはずだ。

真っ先に顔が浮かぶのは、やっぱり本田会長だった。僕はこの人にどれだけ世話になってきたのだろう。

帝拳ジム・本田会長

本田会長は日本はもちろん、世界のボクシング界でもその名を知らない人がいないプロモーターだ。帝拳ジムの先代会長だったお父様の明さんが、会長が高校生のときに急逝され、17歳で会長職を引き継いだ。以来、今も現役マネジャーとしてジムを切り盛りされている長野ハルさん（23年4月25日で98歳）と2人で名門ジムの看板を守り続けただけでなく、大きく発展させてこられた。

これまで大場政夫さん、浜田剛史さん、西岡利晃さん、粟生隆寛さん、山中慎介さんら12人の帝拳ジム所属の世界チャンピオンが出ている。日本のジムで最多だ。これ以外にも、元4階級制覇王者のローマン・ゴンサレス（ニカラグア）など、プロモート契約を結ぶ海外選手もたくさん世界王者になっている。

本田会長が世界のボクシング界でも名前を知られるようになったのは、1988年と90年の2度、当時絶大な人気と実力を誇った統一世界ヘビー級王者、マイク・タイソン（アメリカ）の試合をプロモートしたことが大きい。

1回目は東京ドームのこけら落とし興行として行われ、5万人を超える観衆を集めた。2回目はそれまで37戦全勝（33ＫＯ）と無敵を誇ってきたタイソンがジェームス・ダグラス（アメリカ）に10回ＫＯで敗れ、世界中に衝撃が走った。この試合はスポーツ史に残る番狂わせとして今に語り継がれている。

タイソンは世界王座から陥落した選手生活の晩年、イギリスやデンマークでも試合をしたが、現役の世界ヘビー級王者としてアメリカの外に出て戦ったのは、東京ドームの2度しかない。あのタイソンの全盛期の試合を手がけたという実績は、世界のボクシング業界で本田会長の名声や影響力を特別なものにしたのだと思う。

プロモーターの仕事とはどのようなものか。帝拳ジムの大先輩である浜田さんの半生を描いたノンフィクション『挫折と栄光　世界チャンピオン浜田剛史の時代』（佐瀬稔著、主婦の友社）に、今から37年前に本田会長が奔走した世界戦交渉の舞台裏が描かれている。

昭和61年（1986年）3月、本田会長はモナコのモンテカルロに飛んだ。浜田さんの世界挑戦を実現させるべく、現地で行われるWBA世界ジュニアウエルター級（現在のスーパーライト級）タイトルマッチを視察するためだ。

アルゼンチン人のチャンピオン、ウバルド・サッコとイタリア人の挑戦者、パトリツィオ・オリバによる試合だったが、本田会長はチャンピオンの防衛を見越し、業界関係者のつてをたどって既にチャンピオンサイドと信頼関係を築いていた。この試合に勝てば、そのまま交渉の場を持って契約書にサインさせるという目算だった。

サッコは格別のハードパンチャーではなく、かといって卓越したテクニシャンでもないというのが本田会長の見立てで、浜田さんにとってくみしやすい、つまり勝機のある相手と踏んでいた。

防衛に成功すれば、東京で浜田さんの挑戦を受けることでほぼ話はできていた。アルゼンチンは当時、猛烈なインフレに苦しんでおり、サッコ陣営にとっても国際的にも強い円でファイトマネーをもらえることは渡りに船だった。

しかし、この交渉にはライバルもいた。モンテカルロには本田会長だけでなく、アメリカとイギリスからも「次」を狙う男たちが集っていたのだ。アメリカはこの試合の勝者と元3階級制覇王者のスター、アレクシス・アルゲリョ（ニカラグア）との対戦を画策する代理人。イギリスはテリー・マーシュという選手のマネジャーだ。

しかも、この試合でサッコは防衛に失敗し、王座を明け渡してしまった。その瞬間、本田会長のターゲットも新チャンピオンであるオリバに変わった。アメリカの代理人、イギリスのマネジャーと本田会長の3人が、我先にとオリバのマネジャーの元へ殺到した。

こうなれば、完全に売り手市場である。新チャンピオンのマネジャーは強気に様々な条件をふっかけてくる。日本、アメリカ、イギリスによるオークションの状況となり、ファイトマネーが70万ドル（当時のレートで約1億2000万円）までつり上がったところで、本田会長は交渉を断念。ホテルに帰って荷物をまとめることにした――。

ここで諦めるような人だったら、今の本田会長はいないだろうし、僕も世界チャンピオンになれていなかっただろう。浜田さんの挑戦交渉はこれで終わらなかった。

日本に戻った本田会長は、先代会長の時代から提携関係にあった日本テレビの関係者と会い、世界タイトルマッチの放送枠として「7月24日の午後7時から2時間」というゴールデンタイムを確保していることを告げられた。

対戦相手より先にテレビの放送時間だけ決まってしまったのである。実はこれが世界タイトルマッチ興行の難しさで、それは昔も今も変わらない。対戦相手の条件交渉を進める傍ら、会場と放送枠を押さえることを同時にやらなければいけない。相手、放送、会場の3つのスケジュールをピタリと合わせて、初めて試合は実現できるのだ。

日本テレビから放送枠を言い渡された本田会長は、とにかく相手を見つけてくる必要があった。WBAがダメだった時点で、ターゲットはWBCタイトルしかなかった。今は他にもIBFとWBOもあるが、当時の日本ボクシングコミッションは世界タイトルの価値を守るためにWBAとWBCしか認めていなかったのである（IBFは1983年に設立されたばかり、当時はまだ新興勢力としてWBAやWBCより格が落ちると見られていた。WBOは88年設立で、このときはまだ存在していない）。

5月、今度はロサンゼルスに飛んだ。WBC世界ジュニアウエルター級タイトルマッチ、王者のロニー・スミス（アメリカ）と挑戦者のレネ・アルレドンド（メキシコ）の一戦が現地で行われることになっていた。

またも王者が敗れた。本田会長が浜田さんとの相性から望んでいたのはスミスだったが、モンテカルロの二の舞にならないよう、今度は両選手の陣営と事前にパイプを築いていた。すぐさま新チャンピオンの陣営と交渉に入る。そして、ついに契約合意にこぎつけた。

約3カ月後の7月24日、浜田さんは圧倒的不利の予想を覆し、アルレドンドに1ラウンドKO勝ち。あまりにも鮮烈な戴冠劇に、試合会場の両国国技館には無数の座布団が舞った——。

僕のゴロフキン戦も本田会長でなければ間違いなく実現しなかっただろう。浜田さんの世界挑戦の交渉でも分かるように、ゴロフキンほどの選手となると、世界中のプロモーターからオファーがあるはずだ。プロモーターやマネジャーはそれらをいつもてんびんにかけ、最も魅力的なオファーを受ける。この世界で生きていくには実績もさることながら、人間としての信頼や海千山千の交渉をまとめあげる胆力も必要なのではないだろうか。

本田会長が手がけた世界戦で来日する海外選手は、皆一様に「ミスターホンダ」への感謝を記者会見などで口にする。「地の利」「アウェーの洗礼」といった言葉がこの世界ではよく聞かれるが、ファイトマネーもさることながら、来日後の練習環境、ホテルに食事、身の回りの世話など、それだけ帝拳のホスピタリティーがフェアで素晴らしいのだと思う。

丁寧な仕事が回りまわって業界内での評判を呼び、次の仕事につながっていくのだろう。僕のゴロフキン戦も、本田会長がそうして長年築いてきた実績の延長上にあるものだと思うと、感謝してもしきれなかった。

ゴロフキン戦はアマゾン・プライム・ビデオによる独占ライブ配信が話題になった

が、素人ながらに本田会長でなければまとまらなかった話だと容易に想像できる。国内はアマゾン、海外にはDAZNが配信というすみ分けは、いわばウルトラCといっていい離れ業である。DAZNは日本国内でもサービスを展開している以上、本来なら権利を主張してもおかしくないはずだ。それでも、DAZNを説得し、アマゾンをパートナーとして迎え入れることでイベント規模がより大きくなった。

プロモーターというのは、今も昔も勝負師の一面を持っている人たちだと思う。自分の選手にチャンスを作り、その上でお客さんが喜ぶカードを実現させる。本田会長もボクサーに劣らず、とても負けず嫌いな人だ。ジムの選手が弱気な試合をするのを一番嫌う。

ゴロフキン戦はきっと、僕だけでなく本田会長にとっても2度のタイソン戦以来の大勝負だったはずだ。ビジネスの規模が大きく、しかも複雑なだけに、かかるプレッシャーも仕事量も相当なものだと思う。

それでも会長は一切、苦労や疲れを選手に見せることはない。そして、選手が勝ったときも、「あいつは俺が育てた」とか「俺がチャンピオンにしたんだ」と自分の手柄を誇るようなことは決して言わない。むしろ、俺は何も関係ねえよという顔をする人である。僕はそういう姿を尊敬していた。

ゴロフキン戦は、もはや僕だけの試合ではなかった。延期はつらいが、そう易々と諦めるわけにはいかない。本田会長に自分がやってきてもらったことの大きさを思えば、ここは耐えなきゃいけない。京さんに話すと、「それこそがプラスの意味づけです」と言った。

2021年12月8日（セッション第5回）

（中略）

村田　京さん、ところで僕はどうしたらいいんでしょうか。試合が2月27日になる可能性があって、今月27日くらいまでに結論が出ると聞いているんですけど。

田中　それまでに（試合が）2月になるかどうか決まるということ？

村田　はい。この試合があるかないか。

田中　12月29日はもう絶対なしですね？

村田　はい、でも僕はできますよ。体重1キロくらい増えましたけど。

田中　少しリフレッシュできました？

村田　なんにもしていないです。だって、スパーリングパートナーがいるんですから。週に3回スパーリングが続いているので。

でも、ここを淡々とやらないと。僕の中で「淡々と」が実行できていないのが嫌なんです。でも、この淡々とやらないことが嫌だと考えている僕は、もはや淡々とできていないんですけどね（笑）。

田中　していないね（笑）、でも淡々だよね。

村田 なので、この状況がずっと続いていて正直しんどいなと。この気持ちをどう持っていけばいいのかなって。考えてもしょうがないんですけどね。でも、これだけ頑張って、ダメでしたって言われたら、僕どうしましょうって。

田中 メンタルのことだけを考えたら答えはシンプルです。絶対に試合はあるって決めてしまった方がいいです。

村田 でも、何がしんどいって、先が見えないのがしんどいです。コロナもどこで感染爆発するのかとか。

田中 でも、それはわたしたちにはコンロトールできないから。

村田 できないですね。

田中 諒太さんにできることは、試合があるって（自分の中で）決めることだね。決めちゃった方がいいと思う。もうやるの、やることになったの。

村田 2月27日にあると思ってやった方がいいということですね。

田中 そう、あるの。なくなったときのことは考えなくていいの、あるので、きょうできることは何だ（に集中する）。そういうマインドに決めちゃった方が楽。

村田 分かりました。2・27にあると思う。その仮設定、つらいなあ、思い込めるかなあ。

田中　そうよ、でも仮じゃないから。そういうふうにしといて。2月27日に絶対やるの。やらなくなったことが決まったら、そのときにまた考えられるから。きょうの段階では「ある」という脳の設定にしちゃった方がいい。

村田　結構きついなぁ。

田中　大丈夫。諒太さんは自分のこと、だますのうまい人だから。こういうふうに考えちゃえばいいんですね、っていうのをずっと（このメンタルトレーニングで）やってきているから。「淡々」だって、自分をだましてやっているんだよ。だって、やる気なくても気分乗らなくても（練習）やっているでしょ。

村田　（試合は）あるんですね。最低限の用意をしないといけないですもんね。あるとなったときに後悔するなよということですね。

田中　あるんですか？　本当にあるんですか？　やばい！　は終わりだけど、あるって決めていたら、そりゃそうでしょうね、となるでしょ。

村田　今まで調子よくスパーリングできているんだし、それを自分からやめなくていいじゃないかということですね。大きなことを変えないで淡々とやるということだな。

田中　6回耐えているんだから、7回だって14回だって大丈夫だよ、って思っておこうよ。

（中略）

村田 試合はある。2月27日。でも、こうなってくると、これがどうしても頭をよぎるんですよ。なかった場合どうしようって。

田中 よぎってください。よぎって、この雲（頭の中にあるモヤモヤ）は単なる雲ですから。

コントロールできないものは「ある」にしないとやってられない……。

消えない雑念

延期になったゴロフキン戦は、22年2月27日の再セットを第一候補に調整していると本田会長から聞かされていた。2カ月という時間は決して長くはない。実は12月29日に予定通り開催されていたら、スパーリング練習が足りないと内心感じていた。この延期を吉ととらえ、強くなるための時間にできるかどうかは自分次第だ。

ただ、実際にはなかなか前を向く気持ちにはなれなかった。僕の頭の中には、どうしても拭い去れない雑念があった。

本当に2月27日にできるのだろうか。どうせまた、延期になるんじゃないか。

人間は常にどこかで防衛本能を持ち合わせている生き物なのではないだろうか。コロナ禍の2年弱の間、試合が中止や延期になるたびに失望と徒労感を味わってきた。これ以上、傷つきたくないという意識がどうしても働いてしまうのだ。

本田会長からは2月27日の開催も流れた場合、「ゴロフキンは5月7日にカネロとの第3戦に向かうかもしれない」とも聞かされていた。会長が僕のことをおもんぱかって交渉の状況を教えてくれるのは有り難かったが、会長、そこは僕に言ってくれなくてもよかったです、というのが正直な気持ちだった。

日本での僕との試合が先行き不透明になった今、ゴロフキンにとって最も稼げる試合が過去1分け1敗の宿敵、「カネロ」ことアルバレスとの試合であることは分かっていた。カネロ戦を選択されたら、いよいよ僕の大一番はなくなってしまう。アメリカのボクシング興行はマスク着用義務も人数制限もなく、コロナ禍前の姿を取り戻していた。不安はあった。

京さんからは、考えても仕方がないことは考えないように言われた。つまり、自分にコントロールできることに集中しなさいということだ。今やるべきことは、2月27日にゴロフキン戦があるという前提で練習を続けることしかない。

しかし、「ないかもしれない」という雑念はそう簡単に消えてくれない。これはもう少し後になって出てきた感情なのだが、要らない「余裕」も生まれるのである。

例え話をさせてもらうと、締め切り日時が設定された仕事や課題があるとする。最初はその期限に間に合わせるべく、緊張感と不安を携えながら真剣に頑張るのだが、何らかの事情で締め切りがリスケとなり、さらにもう1回延びたりすると……。

最初にあった緊張感はすっかり薄れ、どうせまたリスケになる可能性もあるだろうと思って、ギアを上げられなくなるのだ。そして、実際の締め切りを間近にして急に焦りを感じる——。誰でもこんな経験をしたことがあるのではないか。京さんはこのときの僕に既にその危険を察知していた。

いずれにしろ、再び宙ぶらりんの状況に置かれた僕は、21年11月の試合決定時とはまるで違うメンタルになっていた。つい1カ月前、「ゴロフキンにどう勝つか」で支配されていた僕の脳内は、「いつになったら、この状況を脱することができるのか」ということでいっぱいだった。つまり、日々の練習に駆り立てられるモチベーションをどうしても持つことができなかった。

そんな状態だった僕に、京さんは延期が決まった直後のセッションで一つのアドバイスをくれた。

「『淡々』が一番大事。情熱なんて要らないから。今、大事なのは行動の継続です」

そう言ってもらうと、少し気持ちが楽になった気がした。

今の僕はたしかに情熱を失っている。もう少し丁寧に表現すると、正統で美しい情熱といえばいいだろうか。ゴロフキンに勝って最強の男を証明する、という情熱でなく、保証されたファイトマネーをもらって、一刻も早くこの状況から解放されたい、という ちょっと汚い情熱……。

京さんは、僕の心情を理解してくれた上で、こう言った。

「我々アスリートはもともと負けず嫌いなんだから、勝ちたくないわけがない。その葛藤は掘り返さなくて大丈夫。本当に『解放されたい』って思っている人なら、ここで辞めちゃうことだってできるけど、そうしていないでしょ」

そうか、僕は最初から勝ちたいと思っているから、そこはもう考えなくていいんだ。京さんの言葉はすとんと腹に落ちた。こうやって自分の中に落とし込んで、不安や迷いを一つずつ潰していけることはとても有り難かった。

一番大事なのは練習を続けることだ。しばらくは淡々とやってみようと思った。

しかし、これが頭で考えるほど簡単なことではなかった。

2021年12月15日（セッション第6回）

（中略）

村田 かなり精神的にも肉体的にも疲れていて、淡々とこなせなくなっている。変な話、感情がある方が楽ですね。

田中 すごいじゃん名言だよ、びっくり。学会とかで言ったらみんなびっくりするよ。

村田 感情に任せちゃった方が楽ですよね。（出来が悪くても）きょうはこうだからしょうがないって感情に責任転嫁できるんですよ。でも淡々を守ろうとして、淡々とできなかったときに罪悪感を覚える。淡々って、簡単なことじゃないです。

（中略）

村田 今回のことって、男の失恋したときの感情に似ているなと思いますね。最初は延期になっても気張ってスパーリングもこの2週間、頑張れたんだけど、今週になって何でスパーリングなんだよ、と思って淡々とさえできなくなっている自分がいます。現実を受け入れるまでの時間の問題なのか分かんないんですけど、男性と女性の失恋を乗り越えるときの感情の動きの違いで、最初はなんとかなるって元気でいながら徐々に落ち込む男と、最初に落ち込みながらも立ち直るのが早い女性の差で、俺はやっぱり男だなと思いました。ここに来てちょっとしんどくなっています。今週はスパーリングを一度やめようと思います。

田中　何か大事なものを失った人の「受容のプロセス」というのがあるんです。最初は拒絶、そのあと怒り、そして落ち込みが来ます。

村田　大きな病気を告知された人の感情とかに似ていますね。現実の否定から始まってなんで俺がこんな目に遭わなきゃいけないんだと怒り、落ち込んで、現実を受け入れてどうすべきか考える。今の俺は途中の段階ですね。

田中　そう、だから合っています。落ち込んだ後にしょうがないと受け入れて納得していくプロセスがあります……。

殴りたくない

帝拳ジムは世界タイトルマッチの試合前、大抵の選手は1~2カ月前からホテルに入ることになっている。半ば合宿の状況をつくることで練習や減量に集中するほか、インフルエンザや風邪などの予防対策の意味もあるのだろう。

僕は11月初旬から東京ドームホテルに1人で泊まっていたが、延期が決まって、いったん家族の待つ自宅に戻った。それでも練習の日々には変わりない。ジムワークが休みの日曜日を除く週6日、神楽坂にあるジムに通い続けていた。

延期発表の直後は、こんなことに負けてたまるかという反骨心や、なぜ俺だけが試合できないんだという怒りの感情がパワーとなって、意外に練習を頑張ることができていた。

だが、1週間から10日ほどたち、試合がなくなったという現実が動かしようのない事実としてのしかかってくると、気持ちも沈みがちになる。練習をしていても、全然楽しくなかった。

京さんからアドバイスされた「淡々」が思いのほか難しかった。

人を殴るボクシングというスポーツの特性もあるかもしれない。そもそも淡々と人を殴るということは、普通はあり得ないことだ。自分の身を守るため、相手を打ち負かすために人は人を殴る。

だから、スパーリングという実戦練習も、ボクサーは1年中のべつまくなしにやっているわけではない。普段はロードワークでスタミナと体重を維持し、ジムではシャドーボクシング、サンドバッグやパンチングボール、ミット打ちなどで攻防の技術を磨く。スパーリングは試合と相手が決まってから、週2～4回とペースを決めてやっていくものである。

なのに、僕にはその試合がなかった。いや、正確には「ある」のだが、僕はその試合があることを信じきれていなかった。

延期が決まってから約2週間、僕はスパーリングをやるのがつらくなっていた。殴られて痛い思いをすることや、疲れるのが嫌だったのではない。スパーリングパートナーを殴ることに抵抗を感じ始めていたのである。およそ世界タイトルマッチを控えたボクサーが抱く類いの感情ではない。

僕は京さんにセッションで率直な胸の内を打ち明けた。

「試合があれば致し方ないけど、ゴールのない暴力を振るっている気がして。かわいそうじゃないですか。こいつらをどこまで付き合わせていいんだろうかと思ってしまって」

横で僕の話を聞いていた大渡博之さんは驚いたようで、「この競技にそれ珍しくない？　思ったことないな」と言った。電通（当時）で僕の担当者だった大渡さんは、元極真空手の選手で、K1のリングにも何度も上がったことのある格闘家だ。同じようにリングで戦ってきた者として、僕の言葉には相当な違和感を覚えたようだった。僕自身もこれまでボクシングを長い間やってきて初めての感情だった。

このとき、スパーリングパートナーはメキシコから来た3人だった。11月に来日し、週3回ペースでスパーリングを重ねていた。

そのうちの1人、アドリアン・ルナは元メキシコ王者で、僕のスパーリングパートナーとして「古株」だ。僕のプロ5戦目（2014年9月）の相手でもあり、そのとき僕はプロで初めてKOを逃している（10回判定勝利）。タフで打たれ強いところが本田会長に見込まれ、その後、僕の試合のたびにスパーリングパートナーとして来日するようになった。

1度の来日で1カ月以上、日本に滞在することになる。パートナー料はそれなりの稼ぎになったようで、ルナは「ムラタのおかげでメキシコに家が建てられたよ」と言っていた。彼は体重も90キロ近くあってタフなので、その点心配はなかった。僕が気になっていたのは他の2人だった。

16年リオデジャネイロ五輪銅メダリストのミサエル・ロドリゲスと、今回僕のスパーリングパートナーを初めて務めるホセ・デ・ヘスス・マシアス。ロドリゲスはこのときプロで10戦全勝（5KO）、マシアスは42戦のキャリアがあり、僕が19年12月の防衛戦で対戦したスティーブン・バトラー（カナダ）を左フック1発でKOしていた。

長らく手合わせしてきてマンネリのきらいもあるルナとのスパーリングと違い、2人とのスパーリングは緊張感があった。特にマシアスは1発の怖さがあり、彼とやるスパーリングをやる毎週水曜日は、僕はいつもより少しピリピリしていた。

中身の濃い練習になるということは、僕もそれだけ本気でいくということだ。そうなると、当然彼らに思い切りパンチを打ち込むことになる。ボディーをたたいたときにうめき声が聞こえてきたり、明らかに効いた表情をしたのを見たりすると、思わず「ごめん」と心の声が出ていた。

選手としてのピークは過ぎているルナと違って、ロドリゲスとマシアスの2人はここから上を目指そうという選手だ。ダメージをためて今後のキャリアに影響するようなことがあってほしくなかった。本来ならクリスマス前にメキシコに戻って家族と過ごせるはずだったのが、延期でいつ母国に戻れるかも見えなくなっている。仕事とはいえ、彼らはどう思っているのだろうか。

大事な試合を控えながらスパーリングパートナーに同情の念が湧いてしまうほど、僕の気持ちはダウンしていた。もちろん、それでいいはずがない。しかし、頭では頑張らなければいけないと思っても、心がなかなかついてこない。そういう「頑張れない自分」に、僕は自己嫌悪の感情を抱きつつあった。

どこか恋愛感情に似ているなと思った。別れた直後、男は「明日から自由だー」と一瞬ハイになるが、すぐに現実を知って落ち込む。今回も延期が決まった直後は気張ってスパーリングも頑張ってきたが、2週間ほどたって現実に打ちのめされている自分がいた。スパーリングパートナーに無用の情を持ってしまうほど、僕は落ち込んでいた。

セッションで何気なく「恋愛感情に似ている気がします」と僕が言ったとき、京さんが心理学で有名なモデルを教えてくれた。

それは「受容のプロセス」とか「受容の5段階」といわれるものだ。エリザベス・キューブラー・ロスというアメリカの精神科医が1969年に著した世界的ベストセラー『死ぬ瞬間』の中で発表したものだそうで、死＝深い悲しみを経験した人がたどる心の過程について解説している。

人は何らかの厳しい事実を突きつけられたとき、感情が5つの段階をたどるのだという。

第1段階（否認）現実を否定し、周囲と距離を置こうとする
第2段階（怒り）現実が否定できないと自覚し、「どうして自分が」と怒りを覚える
第3段階（取引）現実から逃れるため、何かにすがろうと取引を模索する
第4段階（抑うつ）現実は変えられないと悟り、落ち込む
第5段階（受容）現実を受け入れ、心に平穏を取り戻す

僕の場合、延期という事実に最初は「こんな状況に負けてたまるか」と現実を直視しない感情が湧き、その後、「何で俺がこんな目に遭わなければいけないんだ」という怒りの感情が出てきた。今は延期の現実から逃れられないと悟り、抑うつ状態にいる段階だった。

京さんによると、僕の延期決定後の感情の浮き沈みは正当なプロセスを踏んでいる

ということだった。時間の経過とともに現実を受け入れられるようになり、自然と前を向くことができると説明された。

この話を聞けたことの意味は非常に大きかった。

僕はただでさえ、ネガティブな感情に意識が行きがちな人間である。「まあ、いいか」と済ますことができず、「なぜだ」と考えてしまう。頑張れない自分に自信を失い、さらに自己嫌悪に陥ることでネガティブループ（負の連鎖）に入り込む可能性があった。不平不満がさらに膨らみ、最悪の事態は練習を継続できなくなることだった。

ただ、京さんの話を聞いて、僕は自分に起きていることを確認することができた。それは誰にでも起こりうるプロセスだと理解できたことで、自分を責めずに済んだ。弱っている自分を受け入れ、今は仕方ない、ぼちぼち頑張っていこうと思えたのは大きかった。

ジョハリの窓といい、受容のプロセスといい、学術的な理論に基づいて説明してもらえるととても安心できる。自己理解が深まる助けにもなる。試合までの半年間を後々振り返ったとき、このときのことはとても大きかった。

京さんとのセッションは、基本的には僕が自分で考え、悩んで、問いを見つけるということの繰り返しだ。ただ、自分では答えが見つけられず、京さんに助けを求めたくなることも多々ある。

京さんは「助けてください、どうしていいか分からないんです、という人には、こういうアプローチをすることもあります。村田諒太のこういう考え方はこういう理論に基づいているんですよ、というのも一つの答えですよね。あなたの今のモヤモヤはこんなふうに整理ができますと。安全基地（secure base）をつくってあげるんです。大丈夫ですよ、あなたはあなたのままでいいんですとお支えしてあげる。勇気とチャレンジの気持ちを持たせてあげるコーチングスキルです」と教えてくれた。間違いなく、それは僕の「安全基地」だった。

ポジティブな感情

「きょうのうれしかったこと、楽しかったこと、有り難かったこと。えー、うれしかったことは息子が塾から1人で自転車をこいで帰ってきた姿を見たとき、すごくかわいくて幸せを感じました。えー、楽しかったこと……、楽しかったこと……、これはぱっと出てこないということは、少しつくり上げないと出てこないかもしれません。有り難いのは、家に帰ったらお風呂があり、家族があり、寝る場所がある、これはやはり何より有り難いことです。楽しかったことか……何したっけ……、ああ、特筆して楽しかったことってのは、あまりなかったかもしれません」(12月14日のボイスメモ)

メンタルトレーニングを通じてのテーマの一つが日々の感情に気づき、それに対処していくということだった。ただ、延期が決まった21年12月当時の僕は、ネガティブな感情にばかりフォーカスする傾向があった。この頃、京さんから出された宿題は「楽しい、うれしい、有り難い」を毎日探すことだった。

夜の就寝前に、その日1日を振り返ってボイスメモに吹き込むのだが、数日やってみて僕はあることに気がついた。うれしい、有り難いは見つかるのだが、楽しいが全然思い浮かばないのである。僕は本来、ボクシングが好きなのに、練習も全然楽しくなかった。

京さんからは「楽しい」に意識を向けるように言われていた。

簡単ではなかったが、毎日のささいな出来事にも意識を向けようとすると、少しずつ「楽しい」感情に気づくようになってきた。

例えば、僕が好きな読書。この頃はマザー・テレサの本を読んでいた。英隆一朗さんの『黙示録から現代を読み解く』も読了した。知的好奇心や探究心が刺激されるような活動をしているとき、僕は楽しさや充実感を得ていることに気づいた。英語の勉強もその一つだ。

そんなふうに考えると、楽しくなかったはずの練習も楽しんでいる自分に少しずつ気づくようになった。

僕はこの頃、ジムワークと別に個人的に契約したパーソナルトレーナーの寺中靖幸さんと週に2回、高速道路の高架下の空き地でフィジカルトレーニングを行っていた。寺中さんは自衛隊のボクシングチームのトレーナーを務めていた人で、マシンや重いものを持たずに自重で行うメニューは僕には新鮮で面白かった。

ゴロフキン戦に向けて半年ほど前から指導を受けるようになっていたのだが、例えばちょっと走り方を変えるだけでスタートが速くなったりすると、その発見自体が楽しかった。これ以外にも体のメンテナンス目的で初動負荷トレーニングのジムにも通っていた。誰に言われたわけでもないが、強くなるための自己投資は惜しまなかった。やりたくなくなっていたスパーリングでも小さな変化があった。ある日、クリンチで体力を奪われていることに気づき、接近してクリンチされそうになった間際でパパパッと手を出してみると、思いのほか感触がよかった。この日はスパーリングが終わった後に「ボクシング楽しいな。この感じ、この感じ」と久々に思うことができた。

僕は元来、物欲には乏しい人間なのだが、知識欲はかなり旺盛な方だと思っている。「楽しい」を探しているうちに、自己を発見することができた。次のゴロフキンが最後だと心のどこかで思っているのに、まだまだボクシングを楽しむ余地が残されているな、という気持ちにもなっていた。

体力の部分では年を重ねて低下も感じ始めるころだから、それを埋める意味での探求という欲求がでてくるのかもしれない。僕が尊敬するアスリートの1人である元陸上ハンマー投げの室伏広治さんの求道者のような姿を思い浮かべた。

「探究心を情熱と置き換えるなら、今の方が情熱的なのかもしれないです」という僕の言葉に、京さんもうなずいていた。

この頃、本田会長から「ゴロフキンはやると言っている。カネロとやる、やらないに関係なく、その前に村田と必ずやると言っている」と聞かされていた。会長は年末、来春の開催をゴロフキン側と話し合うため、帰国後のつらい隔離生活もいとわず渡米していた。

「受容のプロセス」でいうところの、最後の段階に僕も入ったようだった。延期によるどん底期を抜け、少し前向きな気持ちに浮上して２０２１年を終えようとしていた。

Dec. 15th, 2021

22時21分 村田

本日もありがとうございました。

「楽しい」の感情、意識してみます。

22時47分 田中

こちらこそありがとうございました。

「楽しい」って感情は、いろんな責任を持つ大人になると、意識がいかない感情であるようでして。私の勝手な推察としては、諒太さんが言う「懲役延長の日々」で少しでも「小さい楽しさを見つける」ができればいいな、と。

実際、コロナ禍でオリンピック選手たちは、いったん五輪準備をやめて「自分の競技を楽しむ」に変換したんです。

いったん自分の競技継続を楽しむってできるのか？は知りたいです。

しかし、もしも「いやいや、全然楽しくない」「辛い日々だ」を実感する日々なのであれば、ぜひ来週に策を練りましょう。

22時50分 村田

ありがとうございます。

楽しめるのかどうか、たしかに辛いばかりの日々になっています。

発想を転換できるか試してみます。

22時58分 田中

もしも本当に金メダリストで世界王者の村田諒太をしても「この延期ループはメンタルやられる」のであれば、このメンタルヘルス・アウェアネスの実践で行動継続している日々こそ、貴重な後進に残せる、社会に役立つ「逆境対処力」実践例になります。

これ、誰もやってないことです。

ぜひこの延期ループでしか経験できない「辛さ」の中で、いろんな工夫をためしていきましょう。自分も色々考えます。

23時2分 村田

ありがとうございます。

何かにつながる、自分の役割はあるのだと継続してまいります。

また引き続きよろしくお願い致します。

第4章

恐怖

36歳の誕生日

２０２１年12月29日のゴロフキン戦は延期となったが、僕は年末年始の数日間だけ休んで、すぐに練習を再開した。そして、年明け早々の1月12日は、僕の36回目の誕生日だった。

この日は例年、東京・神楽坂にある帝拳ジムにメディアの人たちに集まってもらい、取材対応と練習公開を行うのが恒例になっている。残念ながら２０２１年に続き、２年連続で試合のないまま1年を過ごして誕生日を迎えることになった。

ジムが用意してくれた特大ケーキの前で笑顔で写真撮影に応じ、記者の質問に答える。雰囲気こそ和やかだが、僕も記者たちもどこか奥歯にものが挟まったような、もどかしさがあったと思う。このとき、メディアが一番聞きたいことは、ゴロフキン戦がいつになるのかであり、本当にできるのかということに尽きる。僕も答えられるのなら答えたかったし、自分自身が一番聞きたい気持ちだった。僕は率直にこう話した。

「早く決まってほしいし、本当に試合ができるのかという疑心暗鬼な気持ちがないわけじゃないです。でも、毎日走るし、ジムワークもするし、フィジカルもしています。モチベーションはあくまでも練習をするきっかけであって、最も大事なものではないと思っています」

当然、年齢のことにも質問は及んだ。12年ロンドン五輪で金メダルを取ってから10年目の年を迎えていた。あのとき、日の丸をつけて一緒に金メダルを勝ち取ったアスリートで、今も現役を続けているのは自分以外にもう誰もいない。ちょうど前日の1月11日には、一緒にロンドン五輪で金メダルを獲得した体操の内村航平選手が現役引退を発表していた。僕は自分の年齢とキャリアについて思っていることを口にした。

「ロンドン五輪翌年に東京五輪の開催が決まって、そのときは東京の頃まで現役なんて無理です、引退していますと言っていたのに、こうしてまだ現役でいることに自分でも驚いています。36歳という年齢も、ひと昔前なら『ロートル』扱いされた年齢だと思います。ここは試合でみせるしかない。やってみないと分からないけど、練習の段階では年齢や衰えを感じることはないです」

1カ月以上前に試合の延期が決まってから初めてメディアの前に出て取材を受ける機会でもあり、この間の心境の変化についても聞かれた。僕は京さんのセッションで教えてもらった「受容のプロセス」を引用しながら自らの心模様について語った。

「最初は反骨心、反発心で頑張れました。それから1週間ないし10日くらいで、試合がない現実を直視してガクンと落ち込んで。さらに1週間、10日くらいすると、しょうがない、ぼちぼち頑張っていこうという気持ちになった。失恋と同じで、喪失的な出来事があった後に起きる心の揺れって、大して違わないんだなと思いました」

「練習は無理やりにでも入れています。自由からの逃亡というか、嫌でもやらざるを得ない環境に自分を置く。モチベーションが大事なのではなく、結局は練習を続けることが大事だということです」

この日、記者に囲まれた本田明彦会長は、2月末の開催は見送り、4月を目指して調整していることを明らかにした。コロナ禍はいまだ収束の気配が見えないが、会長は昨年末に渡米し、ゴロフキン陣営に試合に向けて準備を続けていることに理解を求めていた。

「ゴロフキンはこちら側のこれまでの努力や苦労を分かってくれている。今の段階では『いついつまでしか待てない』というようなことは言っていない。こちらが希望を持っている以上、ついてきてくれる。4月に懸けるしかない」と会長は記者の人たちに説明した。

一時期、心配していたサウル・〝カネロ〟・アルバレス（メキシコ）との試合に向かってしまう可能性はなさそうだった。これも会長の丁寧なフォローアップのおかげだ。

僕は年明けしてすぐ、会長から4月9日という一つの候補日を聞かされていた。まだ時間はある。落ち込みの時期を過ぎた僕は、練習にも前向きに取り組んでいた。

延期によって、スパーリングが多く積めることになったのは有り難かった。予定通りに12月末に試合だった場合、実質的に3〜4週間の期間しかスパーリングを行うことができなかった。過去の試合と比べても明らかに少なく、ぶっつけ本番とまではいかなくとも、急造の感は否めなかったと思う。延期になったことによる数少ないメリットの一つだった。

自分のボクシング自体には非常に手応えを感じていた。調整段階から試合のパフォーマンスまで、キャリアを通じて最も満足しているロブ・ブラントとの再戦（2019年7月）のときに近いものがあった。このまま最後までいければいいと思った。

その半面、僕が不安を覚えていたのはメンタルだった。練習は継続できているし、調子もいいが、緊張感やいい意味での悲壮感が足りないと感じていた。まだ時間は十分あるが、試合が迫ってきたときにちゃんと気持ちが上がってくるか不安だった。

誕生日の1週間後、僕は新年最初のセッションを受けるために京さんを訪ねた。

2022年1月19日（セッション第9回）

（中略）

村田 一番怖いのは、この試合で引退できるとか、やっと試合ができて解放されるみたいな安心感から、自分自身を律せないというか、追い込めないというか、集中力がそがれてしまうことの方が怖いです。

田中 そうなる可能性があると、分かっているんだね。

村田 すごくなりそうで。だって7回延期（中止）ですよ。それでやっと試合できて、しかも大きなお金がどんと入るわけじゃないですか。そうなったら、もう勝っても負けてもいいよ、という気になりそうで、そっちのマインドに入らないコントロールがしたいです。

田中 じゃあ、そう仮定しましょうか。

村田 そこの対策を知っておきたいですね。ジムの先輩のボクサーのことなんですが、痛烈なKO負けから再起して、ようやく日本タイトルマッチ挑戦までこぎつけたとき、リングに上がる前に感極まって泣いていたんです。その試合は負けました。自分もそうなる怖さがあります。

田中　意識下だろうと意識のない場所だろうと、我々ってマイナスのことをどうしても想定しているんですよね。それならいっそ（不安材料を）出してしまって、解決策を作っておかないとダメなんです。

村田　見えていないだけであって、実際にあるんですね。

田中　外に出しちゃうと案外大したことじゃなかったと思えたり、解決行動が見つかったりもします。でも、そりゃあ怖いよね。

村田　ゴロフキンという相手だからこそ、自分は本気で勝つ気があるんだろうかと。負けても言い訳できてしまう自分がどこかにいる怖さもあります。この相手だから負けても恥ずかしくないという「逃げ道」がある相手というのが一番嫌なんです。

田中　じゃあ、ちゃんと悲壮感を持てるようになりましょうか。

村田　それです。悲壮感を持って、絶対にこの試合に勝つんだという思いを持って試合ができない自分がいます。たしかに調子はいいんですが、練習の段階で絶対に勝つんだという気持ちが足りていない。むちゃくちゃ感じています……。

開き直り

京さんに漠然と感じているメンタルの不安について話したとき、僕の頭の中には1人のボクサーの姿が浮かんでいた。

その人はチャンピオンにもなった名ボクサーである。今のボクシング界は出世階段を上がる選手はアマチュア出身者が大半だが、その人はボクシング経験がなくジムに入門した「たたき上げ」で、プロテストを受験してボクサーになった。アマチュア出身の選手とはひと味違う気持ちの強さ、たくましさがあって、僕も大好きな選手だ。

僕はその人と同じ興行で試合に出たことがあるのだが、その人はKO負けを喫してしまった。それまでのキャリアを考えても痛い1敗で、実際にそこから再浮上するまで長い時間を要した。しかし、敗北からはい上がり、ついに日本タイトルマッチの舞台まで戻ってくるのである。

そのタイトルマッチ挑戦のとき、その人はリングに上がる直前、コーナー下で泣いていた。挫折を乗り越えてきた道のりが走馬灯のようによみがえり、この舞台まで戻ってこられたことに感極まったのである。

その気持ちは痛いほど分かった。でも、やっぱりボクサーが試合前に泣いてしまっては戦えない。その試合に敗れて、その人のラストファイトになった。

僕はここまでの試合ができなかった2年以上の時間を振り返ったとき、自分も同じような状態に陥る可能性を感じていた。試合前日の計量をクリアした時点で解放感を味わってしまい、緊張感を保てなくなる不安がつきまとっていた。

ゴロフキン戦が決まって始めた京さんとのメンタルトレーニング。最初のセッション（21年11月10日）で僕はこう言い切っている。

「今回は『自分に勝つ』ことは、はっきり言って容易だと思います。相手が相手ですから。ここで自分を律することができなかったら、何のためにボクシングをやってきたんだという話になります」

同じ人間の口から語られた言葉とは思えないくらい、毅然とした言葉である。それがこのときの僕は大きく揺らいで、「自分を律することができないかもしれない」と不安に思い始めている。人間の心なんてそんなものだ。刻一刻と変わっていく。

僕が自身に危険を察知していたのは、心のどこかに「ゴロフキンが相手なら負けても恥ずかしくない」という言い訳めいた気持ちがあることだった。自分のやるべきことは、持てる力を最大限に発揮することであり、勝ち負けは神のみぞ知るである。相手の強さ、互いの力関係で決する勝敗は自分にコントロールできることではない。その考え自体は間違いないのだが、「負けてもしょうがない」という気持ちがあるのは全く別の話だ。

ゴロフキン戦までのプロキャリア18試合を振り返ったとき、負けていい試合なんて1つもなかった。全ての試合が絶対に負けられない戦いだったと言っていい。だから、孤独で苦しかったし、ずっと重圧ばかり感じてボクシングをやってきた。

重い荷物を背負い続けたことは、結果を見ればマイナスではなかったといえる。その分、自分自身を練習でしっかり追い込み、試合当日はあらゆる不安を吹っ切って、最後は開き直ってリングに立つことができたからだ。

思い出すのは13年8月のプロデビュー戦である。相手はいきなり日本と東洋太平洋の2冠王者、柴田明雄選手に決まった。現役チャンピオンとデビュー戦で戦うなんて、普通ではあり得ない、客観的に見ても、極めてリスキーなマッチメークだ。本田会長に相手を言われたときは「大丈夫です」と威勢良く返事したものの、内心はかなり動揺していた。

柴田選手とはアマチュア時代にワタナベジムに出げいこしてスパーリングをした経

験があり、そのときは内容的にも僕の方がよかった。ただ、スパーリングはあくまでもスパーリングである。頭部を守るヘッドギアを着用し、グローブも試合のものより二回り大きい16オンス。試合とは全く別物だ。

プロデビューに際し、僕は日本でのおなじみのキューバ出身のトレーナー、イスマエル・サラスさんの指導を受けていて、試合前はラスベガスで練習を続けていた。家族と離れ、友人知人もいない環境はボクシングに集中できる半面、精神的に思い詰めてしまうリスクもある。このときの僕はまさにそうだった。

プロのスタイルへの順応の過程で、当時は自分のボクシングに手応えを感じていなかった。それでも試合は待ってくれない。五輪金メダリストとして絶対に負けられない。この1試合で金メダリストとしてのアイデンティティまで失う可能性がある。倒されることはもちろん、世間の僕を見る目が変わってしまうことが怖かった。

試合前に何度か、父にメールや電話で不安を打ち明けていた。僕は精神的にかなり追い込まれていた。近くにいた方がいいと思ったのか、上京してきてくれた父の言葉に随分と助けられた。読書家の父はその後、本を送ってきてくれるようになった。その中に僕のバイブルとなるヴィクトール・フランクルの『夜と霧』もあった。

デビュー戦当日、控室で初めて10オンスのグローブをつけたとき、「うわ、こんなので殴っていいの」と思ったのを覚えている。練習で使用している16オンスに比べると、明らかにナックルの部分が薄い。これで当たれば相手は絶対に倒れると思った。

後でその話をジムの仲間にしたら「よくそっちに思えたな」と言われた。普通は「これでパンチをもらったら倒される」と怖くなるのだという。僕が「当たれば倒れる」と思えた時点で勝負は決していたのかもしれない。

試合は第1ラウンドの開始早々、軽いワンツーに続いて右ストレートを打ち込むと、柴田選手が早くも膝を揺らした。その後、右ストレートでダウンを奪った。第2ラウンドも右でぐらつかせ、ロープに詰めてワンツーを追撃したところでレフェリーが試合を止めた。チャンピオンを相手にデビュー戦としては上々の出来だった。強気でいけたのは開き直ることができていたからであり、試合前にそれだけ追い込まれる経験をしていたからだと思う。

「試合までの持って行き方をしっかりしておきたいんです。実力を出せばいいと言ってきましたが、『なんだ、このやろう』みたいな気持ちも実は大切だと思っています。今は絶対勝つんだという気持ちが足りない気がします」と僕は京さんに話した。

「無理もないかな」。京さんはぽつりと言った。ここまでの経緯を踏まえれば、僕の気持ちは理解できるということだった。かつてのような悲壮感、プレッシャーを感じられていないのは、延期が繰り返されたことによって心が疲弊しているのであり、この先さらなる延期によって裏切られることに予防線を無意識に張っている面もあるようだった。

京さんは「今はまだ心は楽なままでいいと思います。その上でひたすら技術を磨き続けることが大事。練習をしっかり淡々とやることです」とアドバイスしてくれた。メンタルの準備はもう少し試合が迫ってから、3月になってからで大丈夫ということだった。

心理学では、本番に想定外のことが起きて慌てないためのメンタルトレーニングもあるという。極限状態のなかで一瞬のミスが命取りになる宇宙飛行士は、出発前に最悪の事態を想定したメンタルトレーニングを行うそうだ。自らあえてネガティブ思考になることで、あらゆる状況に対処できるように準備するのだという。

京さん自身もアーティスティックスイミングの選手時代、似たようなイメージトレーニングをやっていたそうだ。例えば、演技中に水着が脱げた場合にどうするとか、試合直前に古傷の痛みが再発したらどうするか、など事前に想定問答を用意していたという。

自分もどこかで一度自らを追い込む準備が必要だろうと思った。

2022年2月16日（セッション第11回）

（中略）

村田　（4月9日の）試合まで6週間くらいじゃないですか。いまだにボーッとしているんです。本当に試合あるのかなって。切羽詰まった緊張感が湧いてこなくて、いつもこれくらいの時期はもっと緊張感があります。2年間、試合やっていないからなんですかね。

田中　試合の実感がない？　それとも試合そのものがないかもしれないと思っている？

村田　切羽詰まったものがないんですよね。試合直前で切羽詰まると力を出せない気がするんです。だったら、今のうちに切羽詰まっておいた方がいいんじゃないかと。

田中　切羽詰まるきっかけって、今までの試合であったんですか。

村田　いや、そう言われるとあまりないんですが、練習が佳境に入って減量も進んでくるとネガティブな感情が浮かんでくることはあります。
自分のボクシングがゴロフキン相手に全然通用しなかったらどうしようとか、自分の仮面がはがれる恐怖にかられて直前で切羽詰まる可能性はありますね。

本物とやったら村田、全然ダメじゃんと言われてしまう怖さ。そこに恐怖を感じる可能性はあります。

田中 恐れているのは、試合で全然かなわないイメージ？

村田 いや、世間で見られている強い男＝村田諒太のイメージが壊れることの恐怖ですね。それが最後に来そうな気がします。

田中 ありえることですか。

村田 ありえます、ありえます。でも、僕は勝つ可能性も十分あると思っているんです。こうやったら勝てるという作戦が十分練れていないのかな。だから不安を感じるのかもしれないですね。

田中 (スポーツ心理学者としての)私の立場からすれば、(延期で)1回感情を抑えてしまったから出にくいよなと思いますね。12月29日に向けて、一度ガーッと上がっている感じがあった村田さんが下がらざるを得なかったから、あれをもう1回出すのって、人間の感情として難しいだろうなと思います。

村田 何かこの環境にぼけちゃっている気がします。ずっと緊張状態にあるので。疲れちゃったのかな……。

ダメ出しがほしい

2月中旬、ここまで順調に来ていたジムワークにかすかな異変が生じていた。左肘にできた遊離軟骨、通称「ねずみ」の欠片が動いて関節の間に入ってしまい、肘の可動域を狭めるとともに痛みが出ていた。

この2年間、試合こそしていなかったが、いつでも戦えるように臨戦態勢を整えて練習を継続してきた。完全に体を休めることがほとんどできなかったため、勤続疲労も相当にたまっていたのだろう。前腕の張りもいつも以上に感じた。

僕は患部に痛み止めの注射を打って練習を続けたが、大事を取ってスパーリングは一時中断した。まだ試合まで2カ月近くある。無理をする時期でもなかった。

コロナ禍の間、ジムでは「密」を避けるために、30人近くいるプロ選手、担当トレーナーを幾つかのグループに分けて時間制で練習するようにしていた。A班＝午後1～3時、B班＝3～5時、C班＝5～7時といった具合である。その中で僕だけは他の誰とも一緒にならない1人だけの時間を与えられ、貸し切り状態でジムワークを続けていた。

大体、昼過ぎの早い時間帯に練習することが多かった。ひと通りのメニューを終えてクールダウンをしていると、次の時間帯を割り当てられた選手たちが続々とジムにやってくる。そして、僕がシャワーを浴びて帰ろうとすると、選手たちが練習やバンテージを巻く手を休めて「お疲れ様でした」とあいさつに来るのがいつもの日常だった。僕も以前はそうやって練習を上がる先輩ボクサーを見送ってきた。

気がつけば、僕はジムで現役最年長になっていた。自分がプロ入りした時に世界チャンピオンだった山中慎介先輩や三浦隆司さんは4〜5年前に引退し、元2階級制覇王者の粟生隆寛さんもトレーナーとなって若い選手を指導している。自分より先に辞めた年下の選手も何人もいた。

先輩方と同じように、自分にもいつかグローブを壁に吊す日が来る。この場所で練習するのも、あと50日足らずか——。にわかにカウントダウン時計の針が進んでいることを実感した。ゴロフキン戦が終わったら、二度とここで真剣にサンドバッグをたたくことも、歯を食いしばってトレーナーの持つミットにパンチを打ち込むこともないかもしれない。そう思うと、この時間を大切にしなければ、と少し感傷的な気分にもなった。

試合まで6週間というタイミングは、まだ調整の佳境という段階には入っていない。

でも、時間軸をボクシング人生でとらえ直したら、今日という日はマラソンの40キロ地点にいるのだろう。僕のキャリアはここから着実にゴールに近づいていく。無為に過ごしていい日など1日もなかった。

そして、帝拳ジムを見渡せば、ともにアジア地域のチャンピオンとなって世界ランキングに入っている岩田翔吉や豊嶋亮太、アマチュア出身の藤田健児、村田昴、中野幹士ら年下の選手たちが次のチャンピオンを目指して日々練習に明け暮れている。時間は確実に流れ、時代は変わりつつあった。

ふと、思った。僕はゴロフキン戦でこの後輩たちにどんな姿を見せることができるのだろうか。彼らに何を残せるのか。セッションを始めた頃、京さんが教えてくれた、米国の心理学者のものだという一つの言葉を思い出した。

Success is doing your own thing for the benefit of others.

成功とは他者の利益のために自分のことをやり続けることだ――。僕なりに解釈すれば、僕が今のこの瞬間を大切にし、日々の練習を通じて背中を見せることが後輩たちのためになる。僕はもう一度、自分にスイッチを入れなければいけなかった。

だが、2月に入っても僕の気持ちは凪（なぎ）のままだった。これまでの試合2カ月前と比べても気迫や緊張感を欠いていた。平和ボケならぬ〝延期ボケ〟といえば分かってもらえるだろうか。

セッションのとき、僕は京さんに長らく思っていたことを聞いてみた。

「ずっと不思議に感じていたんですが、否定はしないんですか」

週1回ペースのセッションを始めてから、約3カ月が経過していた。この間、様々なことを京さんに話してきた。ボクシングのこと、家族のこと、両親のこと、2人の兄のこと、南京都高校の仲間たちのこと、恩師のこと、もちろん自分自身のこと。京さんから僕の考え方に疑問を呈されたり、注意を受けたりしたことは1度もなかった。

京さんはいつも僕の話を笑顔で聞いてくれて、時にはすごく大きなリアクションで感心してくれた。直接試合のことには関係のない話も多かった。例えば、この頃はアスリートの引退後のキャリアに関する課題や自分が感じている悩みなどについても、かなりの時間を割いて話し合った。

もともと問題意識や考え方が近いこともあって、こちらもつい気分良く話し込んでしまって、セッションの予定時間を大幅にオーバーすることが多かった（実際には、京さんは僕が心を開いて話し出すまでにかなり大変だったと感じていたようだが）。

ただ、振り返ってみても、僕がセッションで語ったことは、美しい話よりも醜い話

の方が多かったはずだ。延期のときは、なんで自分だけこんな目に遭うんだと言ってにまったい、と投げやりに
他人を羨んでみたり、勝つことよりもお金をもらって早く解放されたい、と投げやりになってみたり。

ゴロフキンに対しても「勝つ」と言える自信もなければ、力を出し切れる自信もなかった。キャリアで一番大事な試合を前にして、ファンや試合を実現させるために奔走してくれている方々が聞いたらがっかりしそうな言葉を並べ立てている村田諒太という人間は、否定されるべき存在として京さんと向かい合っているという自覚が僕にはあったのだ。

もっと素直に言えば、ダメ出ししてほしかったのかもしれない。自分の弱い部分や情けない部分を嫌と言うほど知っている。それはいけない、あれを直しなさいと上からどんどんぶった切ってくれた方が悩まずに安心できた。叱咤されることで盲目的に練習にまい進し、恐怖を感じさせないようにしてほしいと思っていたのである。

「別にケツをたたかれに来ているわけじゃないんですけど、僕は性悪説なんです。ダメな自分を正してほしい、それによって反省して努力して良くなりたいという願望があるんです。京さんのセッションをずっと受けさせてもらって、ダメ出しが少ないことに驚いていているんです。もっとたたかれるものだとばかり思っていたので」

京さんは僕の言葉をいつものように笑って聞いていた。

「ダメ出ししてもいいよ。いいけど、そんなふうにネガティブに考えることが村田諒太のボクシングにとって悪い影響を与えるんだ、という客観的な証拠もないでしょ」と事もなげに言った。

そして「なんだかんだ言っても、信頼しているというのもある。（セッションが始まった）去年の11月くらいの諒太さんの目の感じだと、最後はちゃんとつくってくるだろうなと思っているから」と言われた。

実は数年前、京さんが五輪・パラリンピック選手が集まる東京・西が丘の味の素ナショナルトレーニングセンターで、ある競技の代表選手たちにメンタルトレーニングの講義を行った際に聴講させてもらったことがあった。僕の記憶では、そのときの京さんは選手たちに結構厳しく当たっていた。

その印象があったので、いざ自分がセッションを受けることになって、あのときの京さんとの違いに少し拍子抜けする思いだったのだ。僕自身も厳しく指摘されると思っていたし、内心、それを待っているようなところがあったのかもしれない。

「信頼している」という京さんの言葉をそのまま受け取っていいのであれば、僕の底力というか人間力を認めてくれているということか。逆に言えば、「一人で突破せよ」という意味にも受け取れる。大人扱いしてもらっている代わり、簡単には投げ出せない。

もう一つ京さんは僕の考えや発言を否定しない理由があった。

「自分としては、諒太さんにこの場で『弱い自分』を全部出してほしいと思っています。ここに来て、ダラーっとして、もうやる気ないんです、やりたくないんですって弱い自分を吐き出して、じゃあどうするの、それでいいの？って整理する場だと思っているから」

僕が「ゴロフキン相手に自分の仮面がはがれる恐怖にかられて、試合直前になって焦るかも」と打ち明けたことも、京さんには「それでいいんです。本心だと思うし、言葉に出せたのが大きいです」と肯定的な言い回しで受け止めてもらえた。

京さんのダメ出ししない優しさは、少し見方を変えれば、弱い自分とどこまでも向き合う厳しさでもある。自分で答えを見つけていくしかないのだ。でも、これが僕の求めていたリアルシンキングであり、本当のメンタルトレーニングだった。

京さんは僕の心を見透かしたように言った。

「だから、きついと思うよ。ここからの6週間は」

2022年3月2日（セッション第12回）

（中略）

村田 スパーリングパートナーが「もう5カ月、日本にいるよ」って言っていました。かわいそうに。きのうも相当殴りました。しょうがないです。ボクシング自体は発見もいっぱいありますし、調子はいいです。

田中 ボクシング（自体の調子）はいいんだね。

村田 一番の懸念材料は試合直前になってビビったり、「開き直る自信はあるんですよ」と言ってはみたものの、本当にそれってできるのかなと。今までで最強の相手なので。

田中 仮にビビるとしましょう。ビビる前提で、何にビビる可能性がありますか。

村田 そう言われると、（ゴロフキンの）パンチは怖いというのもあるけど、そこまで大きな要素ではないですね。それより相手の方がビッグネームだし、強いという前提がどこかにあります。だから、自分の実力を出せないんじゃないかというか、相手をのんでかかれないというか、そういう意味で「気負け」しているところがあります。

田中　なぜなら……

村田　ビッグネームであり、（8年前に）スパーをやったときもめちゃくちゃ強かった記憶もあるし、憧れの存在でもあったので。どこまでいっても、こっちの方が強い、超えているという感覚が持てない。自分の方が強いという自信を持てていない感じですかね。

田中　（仮に）ゴロフキンさんがビビるとしましょう。向こうは何にビビるんですか。

村田　スタミナが最近（の試合では）尽きかけるんで、前半僕にポイントを取られたら、ビビるというか、焦る可能性はありますね。あとはボディーが弱いので、効かされたら弱気になる可能性はあります。

田中　他にありますか。

村田　いや、彼は歴戦の雄なので、試合や僕にビビるということはないと思います。色々な選手とビッグファイトをやっていますから。

田中　諒太さんはビッグファイトやっていないの？

村田　正直、ほぼ全部、自分が勝てると戦前に言われていた試合でした。アッサン・エンダムも含めて。ロブ・ブラントとの第1戦は負けたけど、自分がダメすぎただけですし。ゴロフキン戦は相手の実力とかも考えたら、自分史上一番大きい試合ですね。

田中 憧れているし、超えている感覚がないし。

村田 超えている感覚もなくはない、勝てるチャンスはあると思うんですが、どこか半信半疑なところがありますね。

田中 「焦る」「ビビる」「自滅する」可能性はありますか。

村田 それは技術的なところですか。

田中 いえ、メンタルな部分だけ。もちろん技術に連動するだろうけど。

村田 技術面だったら、相手のジャブが強いので、ずるずる下がってしまい、どんどん打たれて倒されるか、焦ってパッと前に入ったところにアッパーを合わされて効かされるか。勝ちパターンは技術的な話になりますが、彼のジャブをしっかり殺して前に出ていって、彼はロングレンジは強いけど、ミドル、接近戦は強くないので、そこで手数とスタミナで押し切るのが勝ちパターンですね……。

自己肯定感

いよいよ3月に入った。左肘の痛みは残っていたが、スパーリングも2週間ほど休んだだけで再開していた。メキシコから来た2人（ミサエル・ロドリゲスは21年末で帰国していた）も晩秋から冬、春と日本の色とりどりの四季を経験するほど、長期にわたって僕の調整に力を貸してくれていた。

僕はスパーリングと並行してゴロフキンの研究に余念がなかった。試合映像は19年10月にＩＢＦ王座に返り咲いたセルゲイ・デレビヤンチェンコ（ウクライナ）戦をよく見ていた。ゴロフキンが非常に苦戦し、3—0の判定ながら辛くも勝利した試合だ。

映像を見ている分には、とてつもない脅威を感じることはなかった。たしかに相変わらずパンチ力はありそうだし、ペースメークや間合いのコントロールも覚えてボクシングの幅は広がっている。それでも勝機はあるように思えた。相手のパンチをしっかり防いで、ボディーを攻めて下がらせる展開をつくる。僕の方に分があると思えるスタミナ勝負の展開に持ち込めば、チャンスはある。

そう思いながらも、一方で僕はまだゴロフキンを前にしたときに100％の自分でいられる自信がなかった。自分のキャリアを振り返っても過去最強の相手を前にしたとき、当日のリングでどんな自分が姿を見せるのか、自分でも分からなかった。

過去に不安を覚える経験があった。アマチュア時代の2011年にアゼルバイジャンで開催された世界選手権。ロンドン五輪の前年に行われたこの大会は、五輪予選を兼ねていて、僕はベスト8に残った時点で念願の五輪切符を勝ち取り、さらに2つ勝って日本のアマチュアボクシングで史上初となる世界選手権の決勝進出を果たした。

決勝の相手はイヴァン・キトロフというウクライナの選手だった。既にロンドン五輪切符を獲得し、メダルまで確定していた僕はある程度満足していたが、ここまで来たら優勝したいという意欲もあった。

アマチュアは3ラウンド制で行われる。第1ラウンドを終えてコーナーに戻ったとき、セコンドに入ったコーチから「(ポイントで)7—6で勝ってるぞ」と言われた。その言葉を聞いた瞬間、「えっ、俺、世界一になっちゃうの」という変な動揺が生まれた。勝利への色気やはやる気持ちとは正反対の、「勝てる」ことへの焦りや迷いの感情である。

一般の人にはなかなか理解してもらえないかもしれないが、何度も高い壁に跳ね返された経験を持つアスリートなら、共感してもらえるのではないか。勝つために戦っているのだが、いざ勝利が目の前にちらついた瞬間、急に焦り出すのだ。そんなにうまくいくはずがない、相手はまだ何か隠しているはずだと、自ら迷いや余計な邪念をつくり出してしまう。結局はまだ自分を信じることができていないからだろう。

この世界選手権の決勝もそうだった。第1ラウンド終了後のインターバルで迷いが生まれた僕は第2ラウンド、挽回に来た相手の想像を超えたパンチ力で攻め込まれ、スタンディングカウント（ダウン）を取られた。最後の第3ラウンドは必死に食い下がったが、22―24（当時はプロの10ポイントマストシステムと違って、ヒット数の合計で競う採点方法が採用されていた）の僅差判定で世界一を逃した。

僕はまだ自分の力を信じることができていなかった。それまで世界選手権では上位に進出したことがなかったし、自分が世界で勝てると思っていなかったのである。同じ感情がゴロフキン戦でも芽生える可能性があった。仮に試合を優勢に進めることができても、世界選手権のときと同じように「俺、勝っちゃうの？」という妙な気持ちが生まれ、悪い意味で調子に乗りきれないパターンだ。

京さんは僕の話を聞きながら、珍しくちょっと怪訝そうな顔をしていた。僕の話は京さんでさえ共感しづらかったらしい。「そもそも何でそうなっちゃうのかな」と聞かれた。

「自己評価が低いからだと思います。心のどこかで『俺みたいなもんが……』という感情があるからだと思います」と答えた。京さんはまだ納得がいかないらしく、「繰り返し聞くね。本当にそう思う?」と問いただしてきた。

僕はここだなと思った。この日のセッションに来る前から、実は京さんに聞いてほしいと思っていたことがあったのだ。

「僕が求めているものって、自己肯定感じゃないかと思うんです」

僕の言葉を聞いた瞬間、京さんはこれまでで一番大きなリアクションをした。ただ驚いたとかびっくりしたというよりも、何かを発見したときのような表情だった。

「結局、僕がやってきたことって自己肯定感を得るための旅であり、ボクシングはそのための一番のツールなんです」と僕は言った。ただ、今もなお自己肯定感が欲しいと思っているということは、これまでの人生で得られてこなかったということである。ロンドン五輪で金メダルを取り、プロに転向してミドル級で世界チャンピオンになり、それなりのお金も稼いだにもかかわらずだ。

僕の中でその理由は何となく分かっていた。今まで僕は世間に認められたい、周りの人たちに評価されたいという承認欲求ばかり求めてきた。だから、デビュー戦や今回のゴロフキン戦に恐れを感じるのも、負ければキャリアが終わってしまうとか、チャンピオンベルトを失うということよりも、世間の村田諒太に対するポジティブなイメージやアイデンティティが崩れることへの恐怖なのである。

中学時代、何事にも一生懸命になれず、悪ぶることで人と違う存在になろうとした自分が、高校から本格的にボクシングを始めた途端、インターハイで優勝するなどして世間から認められることの快感を知った。それ以来、僕はずっと他者評価に縛られて生きてきたような気がする。他者評価をいただいたときは、自分の胸の内にある嫉妬心や承認欲求と強く結びついて、僕の気持ちを落ち着かせてくれた。

ただ、世間の注目や評価ほど移ろいやすく、空虚なものはない。五輪で金メダルを取ったとしても、世間は1年もすれば金メダリストの名前などほとんど忘れてしまい、次の五輪に関心はさっさと移ってしまう。承認欲求ばかり求めていると不安になり、他者にやきもちをやいたり、ねたんだりする気持ちが出てくるのだ。アッサン・エンダムとの2試合が世間の注目を集めた後にも同じことを味わった。

今までの僕は承認欲求に基づいた自己肯定感ばかり追いかけてきたが、それではいっこうに自己肯定感は高まらないことに気がついた。だから本当の自信もなければ、コンプレックスを抱えたままの自分に悩まされ続ける。その証拠に、ロンドン五輪も世界王座を奪取したエンダム第2戦も、外見上は成功であり誇れる戦果なのだろうが、僕は自分のパフォーマンスが今も満足できない。自己肯定感に全くつながっていないのである。

ゴロフキン戦は間違いなく、勝てば自分自身を認めてあげられると思える試合だ。だからこそ、このチャンスを逃したくなかった。ビビって、自分に負けるようなことがあれば、求める自己肯定感は絶対に得られない。ゴロフキンという巨大な壁を前にしても、恐れずに自分の実力をちゃんと発揮するということがこの戦いの最大のテーマになる。

「11年世界選手権のときの自分を超えたいですね。『あれ、俺世界一になっちゃうの』じゃなくて。そうしたら成長できると思います」

京さんは僕の話を理解してくれたようだった。そして一つの指針を示してくれた。

「ロンドン五輪やエンダム戦が自己肯定感を高めてくれなかったのなら、次の試合に勝ったからって肯定感を得られるとは限らないですよね。逆に負けたからって下がるものでもないんですよ。努力の過程や努力の質感というのは、絶対に他人には分からない。つまり、自分にしか分からないもので自己を肯定しないといけないよね。勝っても負けても、諒太さんがこの試合を通じて絶対に達成したいと思うものをここから見つけましょう」

そもそも、自己肯定感とはいったい何なのだろう。ありのままの自分を認め、自分の良いところも悪いところ含めて全てを受け入れて、前に進むことで得られるものではないだろうか。あまり僕が得意なことではなさそうだが。「自分がやるべきことを明確にして、それを実行できる自分で当日のリングに上がることですね」と僕は答えた。

セッション翌日の3月3日、ゴロフキン戦が4月9日にさいたまスーパーアリーナで行われることが正式に発表された。僕は東京都内のホテルで行われた記者会見に臨んだ。記者から「改めて、ゴロフキンは村田選手にとってどういう存在か。なぜゴロフキンとの対戦を熱望し続けてきたのか」と聞かれ、僕はこう答えた。

「ボクシングもエンターテインメントの一つですから、やれ俺はこれだけ強いんだ、これだけ稼いできたんだと外に向けてアピールすることが多いですが、僕の関心は今内に向いていています。僕はボクシングを通じて得たかったものは自己肯定感だと思っています。ゴロフキン選手はリング内の強さとともに、(ドーピング違反など)ひきょうなことをしないクリーンな強さがある。単に勝つ、負けるだけでなく、試合に向かうという過程においても、自分にとっての大事なことを再確認させてくれる最高の相手です。この試合で何が得られるのか、どういう景色が見えるのかは終わってみないと分からないですが、今こうした時間を過ごせていることすら僕にとっては大きなこと。そういう状態を作ってくれているゴロフキン選手に感謝します」

Mar. 2nd, 2022

22時43分　村田

自己肯定感の中身、凄く楽しみです。

23時15分　田中

自己肯定感には、例えば「自分は、自分のままでいい」っていう「自己確認」のようなものも入っているんですよね。

自分のことを肯定的に感じるというよりは、自分の長所も短所も全部ひっくるめて、自分は自分のままで生きていてもいいというような感覚です。

自己肯定感って多分勇気の要ることだと思います。

自分のエゴやコンプレックスやみっともない部分を認める勇気が含まれるはずです。

23時20分　村田

ありがとうございます。
～をしたら
～になったら
～を達成したら
幸せになる、満足できると思って生きてきましたが、それではない事に気づき、自己肯定感を持つことが大切ではないかと思った次第です。
しかし、肯定感というもの自体、自分が起こした行動に対する評価であり、だからこそ正直であれ、美意識を持て、と自分に言っているのだと思います。
向き合う辛さ……自分を解剖していくことって面白いですね。
メンタルって面白いです。

第5章 覚悟

2022年3月9日（セッション第13回）

（中略）

田中　今の調子はどうですか。

村田　過去最高といってもいいくらい、ボクシング自体はいいです。ただ、2年以上も試合をやっていないので、グローブが小さくなって（練習で使う16オンスのグローブより試合で使う10オンスのグローブは小さく、パンチも効く）、まして相手がゴロフキン。ビビっちゃうんじゃないかって。最近、この恐怖がかなり来ています。

田中　今まではなかったことですか。

村田　高校3年のときに全日本選手権に出たんですが、決勝戦は相手にビビって1ラウンドでストップされました。そのときの情けない記憶がリメンバーされちゃうんです。

田中　ビビり経験を鮮明に覚えているってすごいね。

村田　基本的に、勇気の経験や記憶よりビビり、ヘタレの記憶が頭をよぎっちゃうタイプなんですよね。根本的にビビりの自分がいるので、それがゴロフキン戦に出たら嫌だな。

田中　でも、「ビビらない」は無理でしょ。

村田　そうですね、無理かもしれない……。あ、でも2011年世界選手権の話をしましたけど、あれは僕にとって勇気の経験でもあるんです。勝てないだろうという相手に挑戦して、ちゃんと自分というものを出して勝った。えいやーってやったわけじゃなくて、冷静に戦って乗り越えたんです。ちょっとはビビっていたんですけどね。

田中　ビビっていたけど、乗り越えたんだね。何が違ったんだろう。全日本選手権と世界選手権では。

村田　負けて帰れないという状況というか、危機感があったと思います。

田中　今はそれある？

村田　はい、今の立場だったら。負けて笑顔で帰れる状況じゃないですね、今の僕は。

田中　もう一度聞くけど、本当に負けて帰れない？

村田　正直に言うと負けて帰れなくはないけど、せめていい勝負はしたいです。

田中　そういうことですよね。

村田　少なくとも勝負にはなる。勝負しなきゃいけないだろうという状況ですね……。

闘争か逃走か

「大変なことになりましたね」。試合までちょうど1カ月となった3月9日。僕は帝拳ジムの長野ハル・マネジャーから掛かってきた電話にドキッとした。「まさか……」。前日に新型コロナウイルスの検査を受けていた。

電話はトレーナー陣が陽性だったことを伝えるもので、僕は陰性だった。望ましい状況ではないが、それでも内心ほっと胸をなで下ろした。2021年末の試合が延期になったときはがっくりきたが、心情的には自分以外が原因ならまだギリギリ耐えられる。でも、自分のせいで今度のチャンスをフイにしたらいよいよ精神的にも耐えられないと思っていた。

感染対策は人一倍気をつかっているつもりだった。当時宿泊していたホテルからも、練習でジムに行くのと時々散歩する以外はほとんど部屋から出なかったし、食事もルームサービスにしていた。練習がオフになる日曜日も自宅に帰っていなかった。

この日の昼に練習のためにジムに赴くと、ちょうど消毒作業が終わったところで、うっすら霧がかかっていた。ただ、幸いにも陽性だったトレーナー陣も無症状ということだったし、スパーリングパートナーの2人は陰性だった。毎日一緒に練習しながら、むしろ幸運だったといえるかもしれない。少しの期間、トレーナーにはミットを持ってもらえないが、調整には大きな支障がなくて済みそうだった。

左肘も順調に回復していて、練習を通じてボクシングの出来自体に手応えを感じていた。課題や修正点をそれほど感じなかった分、おのずとメンタルの方に注意が向いた。

3月に入って、京さんとのセッションは不安や恐怖を言葉にし、その正体を深掘りしていくやり取りが増えた。京さんのメンタルトレーニングは臭いものにフタをしない。この日はこれまでのボクシング人生で弱気になった経験について話した。

僕が「ヘタレ」の記憶として思い出すのは、高校3年生のときに出場した全日本選手権である。全日本はアマチュアボクサー日本一を決める大会で、基本的には自衛隊や大学生、社会人などシニアの選手が競い合う舞台である。高校生は出るだけでも難しい大会だが、僕はミドル級で勝ち上がり、決勝に進出。当時、ほとんど出ていなかった高校生での全日本王者に王手をかけた。

このとき、反対のブロックから勝ち上がってきたのが、当時自衛隊に所属していた佐藤幸治さんだった。全日本選手権5連覇を含むアマチュア13タイトルを獲得。帝拳ジムからプロ入りし、東洋太平洋王者になり、世界タイトルにも挑んだミドル級の実力者だ。つまり、僕の帝拳ジムの先輩に当たる。

全日本選手権の1年前、高校2年生だった僕は佐藤さんの母校である日本大学に出げいこし、そこで佐藤さんとスパーリングをしていた。まだ実力の開きも大きく、かなりボコボコにやられた。ただ、「男子三日会わざれば刮目して見よ」という格言があるように、実際に高校生年代の伸びしろは相当なものがあるだろう。全日本選手権で対戦したときの僕は1年前とは別人だったはずだ。なのに、スパーリングの記憶が脳裏にこびりついていて、完全に腰が引けてしまっていた。結果は試合開始から圧倒された末、第1ラウンドでレフェリーストップコンテスト（RSC）負け。

「そのときの情けない記憶がリメンバーされちゃうんです」と僕は京さんに打ち明けた。京さんは「ビビりの経験をそこまで鮮明に覚えているってすごいね」と苦笑していた。僕はやはりネガティブなことに意識が回ってしまう性格なのだ。

そうなると嫌でも思い出すのが、8年前（2014年）のゴロフキンとのスパーリングである。当時10連続防衛を果たしていた世界チャンピオンと、プロでまだ4戦しかしていないグリーンボーイの実力差は、ミドル級で国内最強だった佐藤さんと高校2

年生の僕のそれに近いものがあっただろう。でも、もう8年も前のことだ。本来は取るに足らない記憶なのだが、そこをわざわざ思い出してくるのが村田諒太という人間なのである。

ただ、そんな自分でもボクシングキャリアを通してビビってばかりだったわけではない。勇気を振り絞った成功体験も持っていた。12年ロンドン五輪ではない。その前年に銀メダルを獲得した世界選手権である。

決勝戦でポイントをリードした途端、「俺、勝っちゃうの?」と迷いが生まれて逆転負けした話は既に書いたが、実はこの大会はそれ以上に自信のよりどころとして僕の心に刻まれている大会でもあるのだ。

ロンドン五輪の出場権が掛かった大会だった。各階級の上位8名（準々決勝進出）と、決勝に勝ち進んだ選手にベスト16で負けた選手2名を加えた計10名がロンドン切符を手にすることになっていた。僕はこの年、初めて国際大会で優勝（インドネシア大統領杯）するなど力をつけていたが、まだまだ層の厚いミドル級では「その他大勢」の1人に過ぎなかった。当時25歳の年齢を考えても、五輪はこれがラストチャンス。組み合わせはできるだけ強豪選手と当たらない山に入りたいと祈るような気持ちだった。

しかし、くじ運は最悪だった。ミドル級は全階級で最多の67カ国・地域からエントリーがあり、6人だけが1回戦を戦う組み合わせになったのだが、そのうちの1つを引き当ててしまったのである。事実上の予選のような扱いで、会場でプリント配布されたトーナメント表にも記載がなかったくらいである。

その1回戦を突破しても、もっと大きな試練が待っていた。2回戦の相手が07年にライトヘビー級、09年にミドル級で世界選手権を2連覇していたアボス・アトエフ(ウズベキスタン)だったのである。このときは自分の運のなさをのろい、日本代表の本博国コーチに「もうちょっとましなクジ引いてくださいよ」と恨み言を言ったのを覚えている(実際には機械による抽選だった)。

2回戦の前夜、宿泊先だったホテルではチームメートが「あしたは村田が顔からマットに倒れるかな」とふざけた冗談を言っていた。当日の試合前にも、コーチたちが「一方的に打ち込まれたらすぐにタオルを投げる」と言っているのが耳に入ってきた。日本チームの仲間さえ、誰も僕が勝つとは思っていなかったのである。

僕自身も勝てるとは思っていなかった。ただ、勝算を考えるよりも試合でやらなければいけないことについて真剣に考えていた。1回戦でアルゼンチン選手を下した後、2回戦までに数日の休養日があった。この間、僕は映像でアトエフを徹底的に研究した。過去の映像を見返すうちに、ある癖に気がついた。サウスポースタイルのアトエフはコンビネーションの最後を右フックで終わる傾向があったのだ。逆に言えば、その後はパンチは来ないので、右フックをしっかりブロックした後に恐れず打ち返す作戦を立てた。

これが的中した。第1ラウンドこそポイントはイーブンだったが、第2ラウンドから一気に距離を詰めて強引に攻め込んだ。小柄ながらロングからミドルレンジの攻防を好むアトエフに対し、徹底してプレスをかけ続けた。相手の右フックだけ気をつけて、接近戦でコンビネーションで攻め立てた。最終第3ラウンド、ついにロープに詰めてスタンディングカウントを奪う。さらに休まず攻めて2度目のカウント。そのままレフェリーストップコンテスト（RSC）で大きな勝利を挙げた。

続く3回戦は、4年前に北京五輪出場を阻まれたイランの選手に勝利。さらに4回戦でドイツ選手に勝った瞬間、念願だったロンドン五輪出場が決まった（準々決勝はアイルランド選手、準決勝はロンドン五輪決勝でも対戦したブラジルのエスキバ・ファルカオに勝って日本勢史上初の決勝進出を果たした）。

このときの僕は、なぜ強豪相手に臆せずに力を出し切ることができたのか。産まれたばかりの長男の存在が励みになっていたのは確かだろう。ただ、それだけではなかった。

当時、僕は母校東洋大学の職員として学生部学生生活科で働き、普段はデスクワークをしていた。どうしても五輪に行きたいと思っていた僕は、上司に世界選手権まで勤務時間を短くしてもらえないか掛け合った。だが、なかなか認めてもらえない。意を決して大学の常務に直談判し、勤務を午前いっぱいで切り上げることを許可してもらった。世界選手権までのおよそ半年間、十分な時間をトレーニングや体のケアに充てることができた。

わがままを聞いてもらった以上、絶対に手ぶらでは帰れないという強い危機感を持って臨んだ大会だった。今振り返っても、この気持ちが非常に大きかったと思う。自ら退路を断って挑戦したことは、自分にとって一つの勇気の証しとして誇れる。


「あの大会のことを何で今まで引っ張っているかというと、勝てないと思われた相手に挑んで、ちゃんと自分というものを出して勝ったからなんです。それまでならビビっていた相手に対し、ちゃんと冷静に研究して勝った。銀メダルだけど、ロンドン五輪の金メダルより誇りに思えているのはそこです」

「今度の試合も同じじゃないですか」と京さんは言った。僕の世界選手権の経験で一番大事なポイントは、勝てるという絶対の自信はなくても、やるべきことを明確にして本番で実行できたことだ、というのが京さんの指摘だった。

「自信があったからって勝てるとは限らないでしょ。『これをやりきる』という自信は大事だけど、『勝つ』自信って、ちょっと薄っぺらくないですか」

僕は既にゴロフキンに対して「こうやれば勝てるかもしれない」という戦い方をずっと考えてきている。ボディーを中心に、最近のゴロフキンには隙があると見ていた。戦いのイメージを忘れずに練習を続けるだけであり、あとは試合で練習してきたことをやりきる覚悟を持てるかどうかだった。


僕は今回の試合はいつにも増して勇気が必要だと考えていた。試合のキーになるのは「先手」だ。相手の出方をうかがうことなく、自分から先に手を出していけるかどうか。スパーリングでもこのことを常に意識していた。少しでも相手の攻撃を受けて立つ横綱相撲のようなスパーリングをしているときは、内容もよくなかった。

ただ、自分で仕掛けて試合を動かしていくというのは怖さを伴うものである。手を出せばおのずとガードに隙が生まれ、相手にカウンターを合わせられる危険があるからだ。僕のように近い距離を得意とするボクサーはなおさら被弾のリスクが大きい。

相手から出てきてもらって、攻撃を一通りブロックした上で攻めに転じるボクシングの方が楽なのである。プロデビューからロブ・ブラント（アメリカ）に最初の対戦で敗れたころまでは、僕のボクシングもそうだった。フィジカルで海外選手に負けない僕は、手を出さなくてもじりじりとプレスをかけていけば、相手を下がらせることができた。だが、今度の相手にはその戦法は通用しない。絶対に自分から攻めてペースを取らない限り、勝機はなかった。それには先制攻撃が絶対必要条件だった。

21年11月の最初のセッションで、僕はこの試合の心構えとして「けんかのつもりでいけるかどうか」と京さんに言ったことを覚えている。後になって「感情にまかせてしまってはダメですね」と考えを改めたのだが、実は半分正解なのかもしれなかった。要するに、しっかりと腹をくくって勝負できるかだ。

己の覚悟を自問しながら、僕は頭の片隅で変な計算をしている自分に気づいた。自分が仕掛けていかなければ、相手も様子を見て出て来ないのではないかという淡い期待を抱いている自分である。冷静に考えればそんな甘い考えは通用しないと分かるはずだ。ゴロフキンは僕の出方に関係なく、最初から掛かってくるに違いない。どうも僕はゴロフキンを本気にさせることを怖がっているようだった。やっぱり、ビビりでヘタレである。

僕の話を聞いて、京さんは「そうなのかもしれないけど、関係あるかな。だって、相手の方が強いって根拠はある？　勝手な妄想とどこが違いますか」と首をかしげた。

言われてみれば、たしかにそうである。過去の実績は説得力のある客観的事実だが、試合前日に40歳となるゴロフキンの今の力を裏書きするものではないだろう。僕にも同じことが言えた。２年以上試合から遠ざかっているので、リングに上がったときにどんな状態になるかは正直分からない。


このチャンスを生かすも殺すも自分次第だった。ゴロフキンに臆せず、自分のボクシングをやり抜くことができるか。

京さんがホワイトボードに英語をスラスラと書きだした。

Fight or Flight

戦うか逃げるか。闘争か逃走か。

「どっちかだよね。あー来た、恐竜みたいで怖い、戦えない！　なら逃げるし、戦えそうだと思ったら前に行くし。どっちかなんだよね」と京さんは言った。

「戦うしかないですもんね、本当のこと言えば逃げ出したいですけどね」

「うん、逃げてもいいんですよ。この瞬間に逃げてもいいんです。メンタルのせいで負けましたとか、一生懸命やったけど負けました、とか言うのも逃げじゃないですか。私ならプールサイドに行くときに色々と言い訳を考えるんです。今日調子が出ない理由って色々あるから。つまり、これ(逃走)ですよね」。いつものように穏やかな笑みをたたえているが、その言葉にはこれまでの京さんとひと味違う迫力があった。

「だから、諒太さんが戦うべきは相手じゃないですよ。最後の最後まで戦うべきは、自分のこれですよ。これをやった瞬間に終わるから。たとえ試合で相手に勝っても、これをやったら一生悔いが残るから」。京さんの左手はホワイトボードに書かれた「Flight」の6文字を指さしていた。

Flight……。重い言葉だった。「闘争・逃走反応」とは、生物が恐怖を感じる強いストレスを受けたときに示す反応だという。動物は生命の危険を感じたときに逃げるか、(死んだように)動かなくなるか、それとも闘うのかを選択する。ゴロフキンを前にしたとき、僕はどうするのか。

「チョイスは2つだよ。闘争か逃走。これは相手が強いとか弱いとか関係ないです」。京さんの言葉に珍しく突き放すような響きがあった。

僕の覚悟のほどが問われていた。ゴロフキン選手との対戦をずっと待ち望んでいました、試合で最高のパフォーマンスをお見せします、勝って自分が最強だと証明したいです……。色々言ってきたのはウソだったのか？　もう一人の僕が聞いてくる。

京さんは「4月9日までちゃんと苦しむことです」と言った。

「『苦しい』を乗り越えるから『うれしい』を味わえるんですもんね」と僕。

「苦しいだろうけど、かわいそうだとは思わないよ。むしろ、苦しみたいんだろうなって思っている。やりたくなければ村田諒太はここまで挑戦しないよ」と京さん。

「新しい何かに出会いたいんでしょうね」。僕は自分に言い聞かせるように言った。

2022年3月30日（セッション第16回）

（中略）

田中　顔が……。
村田　やせましたよ。
田中　今（リミットまで）何キロくらい？
村田　3キロ落として、あと4キロくらい。
田中　そんな落とすの？
村田　僕の階級で7キロなら少ない方です。
田中　諒太さんが日常で調子がいいのは何キロくらいなの？
村田　79キロくらいですね。
田中　効果的なダイエットを聞こうとしたけど、きょうはそこじゃない。

（中略）

村田　きょう練習していて思ったのは、最近すごいプレッシャー感じているなって。もうこれは隠しようのない事実です。
京さんに会ったら言おうと思ったことがあるんです。僕はメンタルセッションをやったら、鎧を着たような強い状態で試合に行けると思っていたんですが、むしろ逆でした。真っ裸にされちゃったと思って。むしろ不安な自分が見えて真っ裸だなと。

田中 名言だね。LINEでもそんなこと書いていたね。「メンタルを強く勇気を持って試合に向かえるのかと思っていたら、逆に自分の弱さとか色々なものが見えて試合に向かうという感じです」

村田 鎧くらい着せてくれと思いましたよ。

僕も含めてですが、みんなが想像しているメンタルトレーニングって、ものすごく自信満々でリングもしくは舞台に向かえる状態をつくってくれるものだと思っていたんです。そうしたら、真逆なんですよね。見たくもないような自分まで浮かび上がらせて、だから裸以上に裸ですね。今まで見えていなかったものも見えてしまったので。

田中 裸以上の裸ね。見えていた以上の裸だね。

村田 この状況でリングに上がるって何なのこれ！って感じで。

田中 いつ気づいたんですか。

村田 この1週間ですね。試合が近づいてきて、あれって思って。鎧を着た強靭《きょうじん》なメンタルで行けるのかと思ったら、むしろ鎧を脱がされてありのままで行けって感じなんですよ。

田中 諒太さん、さすがです。その通りです。

村田 マインドコントロールみたいものをかけてもらって、（本番に）行けると思っていたんですよ。なのに、逆に俺は弱い、俺はダメだ、何でこんなことばっかり考えているんだって嫌になる自分が見えてきて、見てなかった裸で毛穴まで見えるみたいな……。

折れない自分をつくる闘う心

試合まで残り10日に迫っていた。既に本格的な減量の期間に入っていて、体つきもみるみる変わっていった。ミドル級リミットの160ポンド（72・5キロ）まで7〜8キロ落とす過程で無駄な脂肪や水分が削られ、より〝純度の高い〟肉体への変化を体感する。それと波長を合わせるように、脳やメンタルも研ぎ澄まされていくような感覚を味わっていた。

京さんから「自分の感情に常に気づき続けてください、試合当日まで気づいて対処、気づいて対処の繰り返し。フィジカルトレーニングと同じです」と言われていた。1人でいるときにセルフトークが増える中で気づいたのが「裸の自分」だった。

鎧を着るどころか、真っ裸にされて試合に向かう感覚――。減量で絞り込まれていく肉体と同じように、僕のメンタルも色々なものがそぎ落とされているように感じた。メンタルトレーニングを通して屈強な自分になれるのかと期待していたら、むしろ正反対の自分で今この瞬間にいることに、ただただ苦笑するばかりだった。

京さんから自信の暗示をかけてもらえればどれだけ楽だろう。うわべだけのポジティブシンキングじゃない、リアルシンキングをやりたいと京さんにトレーニングをお願いしておきながら、どこかでおまじないのようなものを期待していた。でも、セッションを重ねてきた中でそんなものはないということが分かった。自分で苦しんで悩んで、答えを見つけていくしかないのだ。

ビビりで、怖がりで、世間の目を気にする村田諒太で行ってこいと、ぽんと檻に放り込まれるような気分だった。京さんは「ありのままの自分だと思えているなら大成功です」と満足そうだった。このトレーニングを始めたばかりの頃に聞いた心理学のモデル「ジョハリの窓」に照らせば、「自分の知らない自分」に気づき、「自分の知っている自分」に少し塗り替わったようである。いっそ知らないままでよかったけど、と思わず笑ってしまう。

絞り込まれた肉体に、真っ裸にされたメンタル。心技体がボクサー村田諒太を形成する3大要素だとしたら、技＝ボクシングにおいても僕は同じようなことを感じていた。この頃、スパーリングもいよいよ佳境を迎えていた。この日のスパーリングで感じたことをそのまま京さんに話した。

「僕はそもそも相手のパンチをひょいひょいとよけたりとか、ステップワークでパパっとかわしたりといったボクシングは得意じゃないんですよね。だから、ブロッキング主体でこれまでやってきたわけで。村田君、君は不器用なんだから、それでやっていくしかないんだよって言われた気がしたんです」

「あと、京さんに2週間前のセッションのとき、『世界選手権のことで肝心なことを隠しているような気がする』って話をしたじゃないですか。このことだったんじゃないかって思うんです」


アマチュア時代の2011年世界選手権で、当時の世界チャンピオンを破り、日本史上初の銀メダルを獲得したことは既に書いた。勤務先の大学で仕事を減らしてもらって言い訳できない状況だったこと、相手選手の研究を通じて癖を見抜いていたことが勝利につながった。ただ、どうもそれだけが理由じゃないような気がして、ずっと引っかかっているということを、京さんに以前のセッションで話していた。

答えが分からない理由として、僕はこんなことを考えていた。自分でも思い出したくないような事実だからであり、そのことが理由で勝てたと認めたくない事柄なのではないか。だから、自分で封印してしまって思い出せないのではないか。京さんも「心理学の観点からもそういうことはあり得ます」と言っていた。

この日のスパーリングで、その正体が分かった気がしたのだ。世界選手権のあの日、僕は自分が不器用だということを認めて、ブロッキングしながらプレスを掛ける愚直なボクシングに徹しただけだったんじゃないのかと。何も特別なことをしたわけではなく、自分に対してかっこつけなくなったことが最大の勝因だったのではないだろうか。もっと言えば、センスのない不器用な自分を受け入れたのだ。

「仮面をかぶって、自分をだましていたんでしょうね。自分はセンスがあると思いたいし、自分を特別だと思いたい。こんなこともあんなことも本当はできると思いたかった。実際、国内では敵無しで、どんなボクシングをしても勝てたんです。でも、それでは世界では通用しなかった。だから、世界選手権で仮面を脱いだんです。でも不器用な自分を認めるのがかっこ悪くて、自分で思い出せないようにしてしまったんじゃないかな」

京さんはうなずきながら「当時は不器用な自分をどうしても認めたくなかったんでしょうね」と言った。「本当は不器用なやつが一生懸命やる方が感動するんだよな。そこの美しさが分かっていなかった。どこかで自分を天才だと思いたかったのかもしれないです」。僕はパンドラの箱を開けたような気分だった。

あのとき、退路を断って最後の五輪挑戦に懸けた僕は、自分への期待値や評価を下方修正することで、自分のボクシングを究極までシンプルにした。その結果、ファイターとしての折れない自分をつくり、闘う心ができあがったのだ。

結局、メンタルもボクシングも色々試行錯誤してやってきた末に、これが本当の村田諒太といえるものだけが残ったようだった。虚栄や装飾のない、ありのままの村田諒太。ビビりでかっこつけで周りの評価を気にしてやきもちやきの村田諒太。相手のパンチをしっかりブロックして前に出れば強い村田諒太。

不器用な自分にできることは限られている。その事実を認め、心技体で要らないものを削ぎ落とした僕は落ち着いていた。無理をしていなかったからだろう。

このとき、京さんに教えてもらった言葉がしっくりくると感じていた。

The greatest thing in your life is being who you are.（人生で最も偉大なことはあなた自身でいることだ）

セッション後、京さんから届いたＬＩＮＥのメッセージにはこう書いてあった。

「今日、村田諒太は『軸』を作ったようです」

2022年4月5日（セッション第17回）

（中略）

田中 ゴロフキンさんに会いましたか。

村田 まだ会っていません。

田中 会うとどうなりますか。

村田 緊張するのかな、ちょっとうれしくなっちゃうかもしれない。試合できるんだってうれしさが出ちゃうかもしれないです。

田中 これまでのこと考えるとね。何でうれしくなっちゃうと思う？

村田 こうして本当に試合できるんだとか、同じ舞台に立っているんだとか、追いかけてきた彼のところまで来たんだとか。あ、そこで満足しちゃうのが怖いな。あす負けてもいいや、となるのが嫌だな、計量とかで。

田中 当然そうはならないんだろうけど、そうなったら嫌だな、だね。

村田 ならないんだろうか本当に、という感じです。

田中 するとしたら、なんで満足しちゃう？

村田 ここまで我慢してきたというのと、彼にだったら負けてもいいみたいな。

田中　尊敬しているから？
村田　強いし尊敬しているし、エクスキューズが効く。そこがデカイ気がします。
田中　そうだね。
（中略）
田中　何か私がやることありますか。
村田　暗示かけてくれたらそんな楽なことはないんですけど。
田中　あなたは勝つ～って。
村田　本当、最初はそういうイメージでしたよ。
田中　私もそういう人になれたら、そんな人いたらすごいよね。
村田　でも、それって酔っ払っているようなもんですよね。現実の自分で勝っているわけじゃない、だったら現実の自分で負けた方がいいです。
田中　じゃ、やることないね、よかった。もうやることなさそうだよね。
村田　ゴロフキンに勝ったら誇りに思える。いや、違うな。誇りってそういうことじゃないですもんね。自分がどうであったかが誇りであって。勝った、負けたじゃないな。自分に勝った、負けたなら誇りに思えるけど、相手に勝った、負けただと、永遠に（ボクシングを）やることになるもんな。

田中　だからゴロフキンさんがいることは良いことだね。自分の力を試せるんだから。

村田　そうですね、勝って当たり前とかじゃないから、そんな有り難いことないですよね。もうボクシングやめようと思っている年齢で、こんなラッキーなことないですね。中学のときの自分にウソつかなくていい自分に出会えるなんて。すげえラッキーだな。自分自身でケツふけにいけるんだから。なんか、ヤンキー丸出しだな……。

恩師の涙

試合まで残り4日となった。対戦相手のゴロフキンは3月31日に来日して以降、僕と時間帯を分けて帝拳ジムで最終調整に励んでいた。さすが試合前日に40歳になる年齢でなおトップに君臨し続けるプロフェッショナルだ。観光気分は一切ないようで、厳格なコロナ対策が敷かれる中、わずかな時間外出したチームの一員を怒ったという話も聞こえてきた。

僕の方も準備は整っていた。もうボクシングそのものに迷いはない。自分のやるべきことは決まっている。先に仕掛けて、自分の得意な距離で休まず攻め続けるのみだ。

この頃、僕は練習に向かう前にホテルの部屋で瞑想することが多くなっていた。以前から自宅の和室で座禅を組んでみたり、瞑想をしたりすることは好きで取り入れていた。人一倍、考えすぎてしまう性格なので、頭と心を休める時間が必要なのだ。

自分の戦い方は既に定まっているのだから、これ以上、余計なことを考えたくなかった。1人でいる時間がとても長いので、どうしてもあれこれ考えてしまいがちになる。やはりホテルに1人でいるときが一番ビビっていた。行動と共に勇気があるとすれば、思考とともにあるのは恐怖である。

瞑想をしてからホテルを出ると、ジムまでの15分ほどの歩き方が変わった。瞑想をしていないときは、ずっと頭の中でセルフトークが行われていた。頭がモヤモヤしたままジムに到着して練習に入っていたが、瞑想することで頭がクリアになり、余計なことを考えずに無心で練習に打ち込めた。

もう作戦をあれこれ考える必要はなかった。それに、実際の本番ではその通りにならないことの方が多い。作戦に囚われすぎてもいけない。いい意味で流れに任せた方がうまくいく。「流される」とは違って、練習してきたことが頭で考えなくても流れ（展開）に任せて自然と出るのが理想的だ。


京さんとの試合前最後のセッションは、この試合を戦う意味についての最終確認に充てられた。

僕がこの試合で一番譲れないもの、それは自分を認めることができる試合をすることだった。ゴロフキンに勝つことも大事だが、そのためにも自分に負けないことはもっと大事だった。逃走せずに闘争することだ。

「ボクシングを通じて自分が心身ともに強くなったというのを感じたくて、ずっと競技に打ち込んできました。それが最後の最後に逃げて終わりたくないです。勝つ、負けるじゃなくて、そういう後悔とともに一生を過ごしたくないです」と僕は言った。セッションの最後に僕が言及したのは、忘れられない苦い記憶だった。

2008年の北京五輪挑戦である。東洋大4年生で挑んだアジア2次予選で、僕は1回戦でイラン選手に12―18で敗れた。前年の世界選手権、アジア1次予選に続いてチャンスを逃し、完全に五輪出場の夢が絶たれた瞬間だった。同学年の清水聡（12年ロンドン五輪銅メダリスト）や川内将嗣（07年世界選手権銅メダリスト）が予選を突破して出場した北京五輪の本番は、応援するどころか、一切テレビ中継も見なかった。見られなかった。

しかし、そこまで悔しがるほど頑張ったのかと言われれば沈黙するしかない。五輪を夢だ夢だと言いながら、このときの僕は戦う前から諦めていた。当時はパチンコをしたり、お酒を飲んだりして練習にも100％打ち込んでいなかった。遊びたくて誘惑に負けたというよりも、本気で勝負して傷つくことを恐れていたのである。

伏線はその2年前にあった。カタール・ドーハでのアジア大会で、僕はアテネ五輪金メダリストのバフティヤル・アルタエフ（カザフスタン）と対戦した。一泡吹かせてやろうと全力で向かっていったが、何もさせてもらえず人間サンドバッグと化した。

ポイントは5―24という圧倒的大差。そのアルタエフでさえ決勝で敗れた事実に、世界はいったいどれだけ遠いのかと愕然とした。

このときのショックは大きかった。もう国際舞台では自分は通用しないと心が折れた。「どうせ俺なんて」と卑屈になり、本気を出すことから逃げるようになった。完全な負け犬である。お酒やパチンコに逃げたのも、負けて傷つくことを恐れたからだ。負けても「本気じゃないから」と言い訳が立つ状況に自らを置いた方が楽だったからである。

だから、北京五輪のアジア予選で負けた際、僕は負けても涙も出なかった。だが、当人に代わって泣いている人がいた。南京都高校の恩師である武元前川先生だった。先生は僕の人生において間違いなく、なくてはならない人である。あの人に出会っていなかったら、今の僕は絶対にいない。実の父と並ぶ、もう一人の父親といってもいいかもしれない。無償の愛を注いでもらったと思っている。「ナンキン（南京都高校）で歴代最も強かった教え子は誰ですか」と先生が人から聞かれたとき、僕の名前を挙げていたと聞いたときは心の底からうれしかった。

五輪切符のラストチャンスだったアジア2次予選のときは、かつての教え子のために遠いカザフスタンまで来て、セコンドについてくれた。その恩と期待を僕は裏切った。チームメートから先生が試合後に泣いていたことを聞いて、初めて僕は泣いた。負けたことではなく、先生の期待に背いたことに情けなくて涙が出てきたのである。

高校時代、先生が負けて泣いている選手によく言っていた言葉があった。

「負けて泣くことはないよ。泣くほど練習していないじゃないか」

まさにこのときの僕だった。

この予選を最後に僕は選手を引退した。東洋大を卒業すると同時に母校の職員になり、ボクシング部で後輩たちを指導するようになった。だが、翌09年に練習を再開し、現役に復帰した。武元先生に「もう1回、五輪を目指します」と報告に行ったら、先生は「やればいいじゃないかよ」とひと言言っただけだった。期待に背いた自分を許してくれた。その短いひと言だけで十分だった。

1年後、先生が突然お亡くなりになったとき、僕は号泣した。妻に「あんなに泣いているあなたを見たことがない」と言われるくらい泣いた。

武元先生によって、僕は自分のふがいなさに気づかされた。二度とこんな気持ちは味わいたくないという思いが、その後のロンドン五輪金メダルにつながった。

突き詰めれば、今回も自分との戦いだった。「本気でやって負けたっていいんです。ちゃんとぶつかっていければ。だって、それが実力なんですから。練習のままの村田諒太を出せば。はっきり言って100点といっていい。我慢すべきことをちゃんと我慢して、しんどいことをちゃんとやって、度重なる延期にも耐えてきた。今までの試合に向かう過程は本当に褒めてあげていいと思っています」。いつになく、きっぱりと言い切ることができた。

中学生のとき、「けんかで負かした」とウソを言いふらされて憤慨した自分に、お前はそういうウソはつかなかったぞと言えるだろう。世界チャンピオンになっても挑戦をやめず、ミドル級で一番強い男に挑んだのだ。勝ったら自分を誇りに思えるはずだし、負けても50点くらいは残るんじゃないか。

セッションの最後、京さんから「4月9日は何の日ですか」と聞かれた。

「卒業式……。いや、ちょっと微妙に違うな。卒業式ってもう単位が全部そろっていて卒業できることが決まっているけど、今はまだ単位がそろっていない。最終試験の方が近いかな。ボクシングというものを卒業する上での単位認定試験みたいな。自動車教習所の最終路上試験みたいな感じですかね」

Apr. 8th, 2022

20時52分　村田

今のところ、ですが試合ができる満足感に浸ってしまい、緊張感が無くなるということはありません。むしろ、勝てるかな、良い勝負できるかな、ビビらないで自分のボクシングできるかなと思っています。勝ちたいという意欲が無くなるどころか、むしろ強まっている。

予測とは反対の事が起きています。

20時54分　田中

常に最悪の事態を想定しつつも、根本的に、そもそも自分にとって何のための試合なのかといった底辺を忘れずに、ですね。

20時58分　村田

なんのための試合……

意味付けになってきますね。

お金稼ぐことって考えるのが一番楽な考え方で手っ取り早いなと思っています。

吹っ切れると言いますか……

そう思うと、自分にとっての今までつけてきた価値というものが綺麗事だったのかと思ってしまいます。

でもやっぱり言葉にして、なんのための試合?って言葉にして発し始めると、最強に挑戦して自分自身を納得させる試合と言っています。

言葉に出てくることと、メッセージに書き連ねることに差異があるのはなんでですかね（笑）。

21時7分　田中

最強に挑戦して自分自身を納得させる試合と言っています。これはたしかに繰り返し伺うことですね。

お金だけでない、ということでは？

21時9分　田中

何か、諒太さんにとって「逃げられない目的」がありますよね、きっと。「前向いて、戦わねばならない目的」が。その目的が諒太さんを支えます。

21時12分　村田

逃げられない目的……それこそ、自分を認めてあげたいということかもしれません。

21時14分　村田

自分を認めてあげたい
決してビビりじゃなかった
弱くない（精神的にも肉体的にも）
強いんだと認めてあげたい

21時19分　田中

はい。不器用でもいいから一生懸命愚直に。最後に必要なのは、挑戦への勇気です。

21時26分　村田

訂正します。
ビビりな自分が自分を超える経験がしたい
自分はビビりなんだ
それはいつまで経ってもビビりなんだ
それを超越したい

21時27分　村田

ビビりなりに向かって行って自分の殻を破りたい

21時29分　田中

ああ、この言葉の方が、今の最新の諒太さんっぽい気がします。

21時34分　村田

ビビりで何が悪い
ビビりでビビって、それでも向かっていく勇気があり、なにも感じない、動じない人の勇気とは、また違った勇気があるんだ、それはそれで立派な勇気じゃないか
ビビりながら、向かっていって、今までの自分を超える
その勇気を自分に見せてやれ
そんな感じです。

21時37分　田中

裸の村田諒太で勇気を持って挑戦することこそ厳しく、しかし最も潔い強さと思います。

21時41分　村田

ありがとうございます。
自分に対するチャレンジ
明日やってきます！

第6章

余韻

2022年4月10日（セッション第18回）

（中略）

田中 昨日はファン（の歓声）が凄かったね。

村田 自分では分かんないんですよ、やっているので。

田中 そうなの？

村田 でも、有り難いなと思ったのは普通、試合後のリング上インタビューの最中にお客さん帰るんですよね。でも、きのうは誰も帰らなかったんですよ。会長に「誰も帰ってないよ」と言われて気づきました。場内をぱっと見渡して、「ありがとうございます」と心の中で言いました。

田中 試合後にリング上で話しているときは意識あるんですか？

村田 ありますよ。

田中 倒れたときは意識あったんですか。

村田 2発くらい効いたパンチがあったんですよ。最後は力尽きたというか。でも、戦いながら、どこかでその瞬間を待っていると言ったらおかしいけど、楽にさせてほしいという気持ちもありました。

田中　身体的に？
村田　身体的にです。死を避けたいので。
田中　それってよぎるの？
村田　はい。
田中　よぎるんだ……。
村田　でも、ゴロフキンがいなければ自分とこんなに向き合っていないし、恐怖とも向き合っていなかったです。
田中　ゴロフキンさんだったからなんですね。違う人だと違うんでしょうか。
村田　勝てる（勝算がある）相手の場合、恐怖というのは実力を発揮できない恐怖だけなんですよね。下手をこく恐怖だけ。ゴロフキンの場合は、あの人を超えるということは自分自身を超えていかないといけないということなんですよね。きのう一日で、これまで地道にやってきたことの何十倍もジャンプしたと思うんです。それはすごく有り難かったなと思います。成長ってそういうことなんじゃないかなって。

（中略）

村田　物事って、何でこんなあっという間に過ぎるんですかね。

田中　どういう意味ですか

村田　あの試合をやったという実感とか現実を味わう前に、もう過去のものになってしまっています。これまでの9年間やってきたこと、苦しかったこと、楽しかったこと、色々なことがあっという間に過ぎていった。だって、すごい長かったもん、9年間。4月9日という一日も長かった。

田中　12月29日でなくてよかったんじゃない？　これ聞きたかったんです。

村田　間違いないです。これは神様のギフトです。12月29日だったら、ボクシングも心もこんなに成長していなかったです……。

不思議な声

試合から一夜明けた4月10日午後、僕は傷だらけの顔で京さんのオフィスを訪ねた。顎は左右非対称に腫れていた。全身に激闘のダメージが残っていたが、試合24時間以内の心の記録は研究データとしても貴重とのことだった。僕自身も記憶が鮮明なうちに京さんに話しておきたいことがあった。

不思議な体験だった。前夜のゴロフキンとの試合中、いつも観客の声援もほとんど耳に入らない僕が、目の前の相手と戦いながら誰かの声を聞いていた。その声は徐々に被弾が増えてきた試合中盤、自分の頭上の辺りから聞こえてきた。

「おいおい、このままもらったらやばいぞ、お前」

劣勢の色が濃くなるのと比例して、その声はより鮮明になった。再三にわたってロープを背負わされた第7、8ラウンド、「このまま諦めるのか」と語りかけてくる声が聞こえた。僕は「いや、最後までいくぞ」と心の中で答えながら、そのたびに我に返ったように歯を食いしばって反撃した。

声の主は他人ではなく、もう一人の自分だったように感じている。自分の体から遊離した場所から聞こえてくる感覚があったが、いつものセルフトークをしていたのだろう。半年間にわたってメンタルトレーニングを続けてきたため、自分の声（感情）への気づきがこれまで以上に鮮明だったのではないだろうか。それは決して不快に感じたり、集中を妨げたりするものではなかった。むしろ冷静になれた気がする。ピンチのたびに前に出て諦めずに戦うことができたのは、この「声」のおかげだった。

これまでの試合との違いといえば、一夜明けた翌日の感情もそうだった。試合には負けたのに、今までにない満足感を覚えている自分がいた。

己のプライドを懸けて王座を奪還したブラント第2戦よりも、プロでも世界に通用すると初めて自信が持てたエンダム第1戦よりも、勇気を持ってロンドン五輪への道を切り開いた世界選手権のアトエフ戦よりも、どんな試合よりも僕の心は満たされていた。

これまでの自分なら、試合に負けてこんなふうには思えなかっただろう。京さんとのメンタルトレーニングを通じて、僕はこの試合の最大の意味を自分へのチャレンジに設定した。このとき感じた満足感は、自分に負けなかったと思えたからだ。半年間にわたって自分の感情と向き合い続けていたからこそ、その実感を得ることができたのだと思う。

これまで勝利という結果、他者の反応や評価だけを求めてボクシングをやってきた。でも、自分をちゃんと認めてあげることができれば、他者との比較はさして気にならなくなることをゴロフキンとの試合を通して知ることができた。

自分の中からライバル心や嫉妬心が消えることはなくとも、色々な感情における序列が少しだけ下がった気がした。自分を肯定できれば、他者からの視線に意識が向かわなくなるのだろう。これまで世間の声に散々惑わされて生きてきたが、もっと自分の声をちゃんと聞いてくるべきだった。

京さんは僕の話を聞いて「この5カ月間で、諒太さんの中でコンプレックスとかプライドの意味が変わったんだと思います」と言った。この経験を忘れないようにしたいけれど、人間は忘れっぽい生き物だ。しかも僕のような人間は美しいものほど忘れてしまい、醜いものほど覚えているから困ってしまう。

2021年12月29日の当初予定が延期になったとき、あれだけ心を乱した自分が「神様のギフト」と言っているのも、我ながらおかしかった。自らを律することで試練の時間をプラスの意味があるものに変えられたのだろう。僕の好きな『夜と霧』でヴィクトール・フランクルが書いているように、人生に求めるのではなく、人生からの問いかけに少しは応えることができたのかもしれない。

ボクシング人生の集大成といえるリングに向かう前、最後に背中を押してくれたのは本田会長のひと言だった。

「楽しんでこい」

今思い出してもウルッときてしまう。控室での最後のウォームアップ中に言われた。会長には僕がとても緊張しているように見えたのかもしれない。普段から会長に「楽しめばいいんだから」と言われていたら、大して何も感じることはなかっただろう。普段言われたことのない言葉だったので、逆に僕の心に強く響いたのだ。

思えば、プロの世界に来てから、ずっとボクシングが楽しくなかった。五輪金メダリストで世界チャンピオンになれなかったら失敗と見なされる、金メダルの価値まで下げることになってしまう（本当はそんなことないのだが）、恥をかきたくないという思いに縛られてきた。

「期待が大きいからプレッシャーがすごかったでしょう」「よく頑張ってきましたね」と言われたりするが、僕は誰のためにも戦っちゃいない。自分が勝手にかっこつけるために勝たなきゃいけないと怖がってきただけなのだ。強い男、チャンピオンという世間から頂いたアイデンティティを失うことが怖かった。

リングまでの花道を笑顔で入場してきたときも、見えを張って余裕のあるふりをしていただけだった。ボクシングを楽しんで、それで結果が残せないなんて許されないと思ってきた。だから、最後に自分の主人のような人に〝お許しの言葉〟をもらって、初めて僕は「そうか、楽しんでいいんだ」と思えたのである。会長に言ってもらえたことで、自然体でリングに向かうことができた。あの言葉は一生忘れないと思う。

あれだけ研究したつもりだったゴロフキンは、僕の知らないゴロフキンだった。1発いいパンチを当てても、2度目は同じ角度で当てさせてもらえなかった。戦前に映像をたくさん見て印象に残っているのは派手なパンチだったが、実際にやってみて目を見張らされたのは細かい技術だった。ガードの上から1発でなぎ倒すのかと思っていたら、ガードのわずかな間を通してパンチをクリーンヒットさせてきた。

パンチ力や単純なスタミナ、スピードという分かりやすいところで勝負すれば勝てるチャンスはあると思っていた。でも、目に見えにくいところの技術で大きな差があった。人間と同じで、ボクシングも見た目だけで判断しちゃダメということだ。全盛期には全階級を通じて最強「パウンド・フォー・パウンド」と称された実力はすごいものがあった。

それでも、あの試合を見てくださった皆さんが喜んでくれていたという事実に満足感がある。我ながら、いい勝負だったと思う。これまでいなかったはずだ、あそこまでゴロフキンと打ち合った選手も、ゴロフキンをあそこまで下がらせた選手も。自分自身が臆さずに向かっていくことができた証しだった。少なくとも、試合翌日の僕の心は満たされていた。

4月19日、僕は半年間に及んだ京さんとのラストセッションに臨んだ。あの日から10日、ようやく試合の夢を見なくなっていた。それまでの1週間、毎朝起きるたびに負けたという現実が真っ先に頭に浮かんだ。もう僕はチャンピオンではないのだ、ただの人だ。試合直後の満足感を塗り直すように、少しずつ喪失感が僕の心を埋めつつあった。

もう一つの感情は未練だった。もっとこうしていればよかった、ああしていれば勝てたと考えた。ゴロフキンにあって僕になかったのは経験値。その経験を得た自分でもう1回勝負したい気持ちがあった。

その気持ち、本物なのか。自分に問うてみる。本当にボクシングがやりたいのか。ボクシングは自分にとって未知ではなく既知のものだ。これから先は続けたとしても、もはや挑戦ではない。自分の勝手知ったる狭い世界で、既知のものをさらに深掘りする方が楽だから、未練があるだけなんじゃないのか。そう考えると、僕はやっぱり逃げている。もっと強くなれるという感情もあるけど、未知の不安から逃げている。

僕は人生の分かれ道にいるのだろう。どっちがハードかといえば、間違いなく未知だ。ゴロフキンに勝つよりも、未知の世界に飛び込む方が難しい。もちろん、不安もあるが、難しいことを選ぶ方がリスペクトできるし、格好いいじゃないか。


ボクシングにすがろうとしてはいけない。ボクシングは十分やりきった。でも、まだ強くなれるけど。未練はずっとあっていいはずだよな、引きずって生きていけばいいじゃないか。本当はすごく未練の少ないボクシング人生だったはずなんだけど。それでも未練を感じるのが、人間の欲のきりのないところだ。僕のセルフトークは終わりが見えなかった。

Apr. 19th, 2022

14時33分　村田

本日もありがとうございました。

改めて、試合が終わったのだなと、今日のセッションを終了し、この長い期間が終了し、実感しました。

本当に本当に、長い間、ありがとうございました。

狭い門から入りなさい。滅びに通じる門は広く、その道も広々として、そこから入る者が多い。しかし、命に通じる門はなんと狭く、その道も細いことか。

それを見いだす者は少ない。

今日、少なくとも片鱗を見せていただいた、狭き門となると思いますが、本当にありがとうございます。

既知のものではなく、未来へ。

上手く文章にできませんが、言葉ではなく、行動と結果で……

本当にありがとうございました。

証言

スポーツ心理学者・田中ウルヴェ京が語る村田諒太

諒太さんとのメンタルトレーニングが始まったのは、２０２１年11月10日です。相談があったのは８日前の11月２日でした。「京さん、お話できますか」ってＬＩＮＥでメッセージが来たんです。

諒太さんとはオリンピアンなどのアスリート仲間による交流会で知り合い、かれこれ10年近い付き合いになります。ＬＩＮＥもしばらく前に連絡先を交換してから時々メッセージをしあうようになっていました。諒太さんは読書が好きで哲学とか宗教にも関心が高いので、突然、長文や独り言のようなメッセージが来るんです。２日の連絡のちょっと前に来たのはこんな感じです。

「自分が置かれている立場を俯瞰して見たときに、さほど大変でもないのに、自分で大変さを作り上げているときって、大いにあるじゃないですか。自分を外から見て笑ってしまうという。それは未来からでもよいですし。自分を外から見たときにその『大変』の存在が変わると感じています」

これが村田諒太です（笑）。

ということで、11月2日のLINEは今回のメンタルトレーニングの依頼相談だったんですが、ちょうど私の方は8日に大学院で博士論文の最終審査を控えていました。自分の中ではソウル五輪と同じくらい大変なときでした。もう心身ともボロボロな状態のときに、LINEであんな文章を送ってくる人から連絡をもらったわけです（笑）。論文発表が終わったら、ちょっと休もうと思っていたときだったのに、神様は私をまだ試すのかって思いましたね。

会った際、「僕を被験者としてデータを取ってみたら面白くないですか」と依頼してきた理由を聞きました。でも、お帰りになった後、メッセージがすぐに来ました。「本日はありがとうございました。研究の一つとして僕を使ってください、なんて思っていたのですが、いざセッションを受けさせていただくと、自分の心や葛藤が見えてきて、めちゃくちゃ面白く、かつ既に助けられています。ありがとうございます」という文面でした。つまり、このとき既にご自分の中では目的は試合のために変わったんですね。

1回目のセッションでは「意味」「目標」「目的」「なぜ」といった言葉を出して、どれが今の気持ちに一番しっくり来るか聞きました。まずは、諒太さんがこのトレーニングの目標をどこに置いているかを知る必要があったからです。

アスリートによって、メンタルトレーニングを受けに来る理由は人それぞれです。勝ちたいとかタイムを出したいとか、試合や大会の目標にすごく関心がある人もいれば、なぜこの目標を僕は今決めたのだろうか、自分の立ち位置はどこか、なぜ戦うのか、そもそもなぜ今生きているのか、まで行く人もいます。

先（目標）に関心がある人もいれば、ここ（意味）にすごく関心ある人もいるし、この道の意味は何だろうって過程に関心のある人もいます。諒太さんはどういう言葉がピンとくるのか、そこまで突っ込んだ話をしたことはなかったので、まず聞きました。

諒太さんには初日のセッションでこの投げかけをしましたけど、もうちょっと言語化が苦手なアスリートだと、仮に世界チャンピオンクラスの人であっても、あの質問を投げかけるには10回くらいのセッションが必要です。あの日は話し始めて、この質問できそうだなと思ったから聞きました。そういう意味では、諒太さんはやっぱり内省力があって、感情を言語にできる人ですよね。おそらく小さい頃からずっとそういうことをやってきた人なのではないかと思います。

初日のセッションで、「このセッションの私のゴールはベストな村田諒太を見つけることです」と言ったのは、彼が現役選手だからです。引退を決めている選手には違う言い方をすることもありますが、諒太さんの場合はこの試合の後にどうするか、まだ分からないような気がしました。

これは私のスタイルですが、現役選手にはあまり人生を俯瞰的にしっかりとらえるみたいなことは言いたくないんです。なぜなら、試合で結果を出してほしいから。なので、アスリートとしてのあなたのベストは何ですか、といつも問いかけるようにしています。結果を出すために必要なことは？　そのためにここ（心）はどうあればいい？　という感じでアプローチします。

諒太さんとのセッションは大きな制約がありました。それは試合までの時間が当初、1カ月半しかなかったということです。

最初は21年12月29日が試合日でしたから。そうなると、やれることは限られています。私としては、あまりいじりたくなかった。いじるつもりもなかったです。もちろん本気でやるんですけど、本来やらなければいけないことが10あるとしたら1くらいしかやれないと思っていました。時間に限りがある中で色々やりすぎて、彼の頭の中をグチャグチャに混乱させたくなかったので。

じゃあ、どういうアプローチをするべきか、私の中にも不安というか怖さはありましたね。それと先ほども言ったように、諒太さんにとって、ゴロフキン戦ってどういうものなんだろうというのが分からなかったのもありました。

「試合に勝ちたいんです」と言われても、それは客観的にまず勝てないと思われている勝負なのか、それとも普通に力を出せば十分勝てる勝負なのかとか、その辺が私は分かっていなかったですから。

セッションの時間以外にも、LINEやボイスメモで日々感じたことや頭に浮かんだことを記録してもらいました。諒太さんはボイスメモよりも文字を書く方がしっくりきたみたいで、半年間で私とのLINEのやりとり、4万字ですよ！　村田諒太は文章が秀逸ですものね。黙々とつぶやいていています。私が関わったアスリートでそういう人が数人いますが、その中の1人です。

宿題を出したのは自己内省のためです。自分の感情や考えをしゃべる練習をしてほしかっただけです。目的はフィジカルトレーニングを通じて筋肉の状態に気づくのと一緒で、きょう自分のメンタルがどうなっているかを察知すれば、整え方が分かります。それがメンタルトレーニングですから。歩き方のトレーニングをしていて膝が痛いな、と感じたら、この歩き方はよくないなと分かりますよね。それと同じで、きょうの自分はちょっといらついている、きょうの自分はちょっと落ち込んでいる、と気がついたら、どう対処すればいいのかが分かってきます。

延期は、諒太さんにとって衝撃は大きかったと思います。

メンタルトレーニングは何のためにあるかというと、そもそも行動を継続するためなんです。誤解されがちですが、メンタルを整えることが目的じゃなく、その先の行動があくまでも目的です。だって練習はやる気がなかろうが集中できなかろうが、やらなければいけないわけですから。

あのときの諒太さんは、このままだと行動継続できない可能性があるなと感じました。かなりきつそうだったし、たとえ投げやりになっても練習は続けるだろうけど、そうなると意味合いが減っちゃう。スパーリングでパートナーを殴るのがつらいとまで言っていたので。

練習を継続するためにも、感情には色々あることに気づいてほしかったんです。あの頃の諒太さんは、自分の感情への注意配分が不安の方に偏っていました。人間は絶対多様な感情があるはずなので、ちょっと楽しい、ちょっとうれしいといった感情も生活の中に必ずあります。そちらに注意を向けて欲しかった。お子さんのことや友達とのたわいのない、ささやかな喜びでいいので、思い出してほしかったんです。

「楽しい、うれしい、安心する」といった人間の快の感情に気づくことは大事です。こういった感情では、脳内でいわゆる「幸せホルモン」と呼ばれるオキシトシンやセロトニンなどが出ているわけですが、「そういう自分も生活の中であるんだな」と思えることが大事です。24時間辛いわけじゃないんだって客観視できるってことです。

そうすれば、ボクシングが好きだってことも思い出してくれるかなと期待しました。意識がそちらに向けば、行動も意味も分かってきます。

諒太さんには、セッションでも「自分を楽しむ術《すべ》、自分で自分を調子に乗せる術を勉強してほしい」と言いました。ずっと話していて分かったのですが、ご自分の美学として「調子に乗ってはいけない」という思いが非常に強い人なんです。それがちょっと邪魔をしているように思いました。

諒太さんは、いつも私の質問やアドバイスをどう受け取ったかを言ってくれます。今、自分はこう感じていますと言ってくれると、こちらも聞き直しやすい。メッセージを返すのが上手ですね。変な謙遜や遠慮もないのでやりやすいです。

対話をしていて面白いなと思うのは、スコンと入ったときの目が変わるんですよね。私の投げたものがスコンと入った瞬間に、ピコン！と音がするくらいの顔をします。分かりやすいです、今のはピンと来るんだって。

逆にうまく入らなかったときはどこまでも無関心です。私がパンと打ったつもりのボールが、ああ、これは全然ダメなんだというときもあります。関心がないときは本当にないです。私が30代の頃だったら、メンタルトレーナーとしてめげると思います。

諒太さんのメンタルトレーニングに臨むにあたり、私は海外の研究論文を読みあさりました。ボクシングにおけるメンタルトレーニングの研究事例もありました。古いものから最新のものまで、海外の論文を本当にたくさん読みました。

私のところに来るアスリートはみな、競技に人生を懸けています。だから、セッションがその方にとって有効な時間になっているかどうか、その重圧は常に感じています。諒太さんのときも、ためになっているかはすごく怖かったし、焦りもありました。

延期というアクシデントは、よくあるといえば、よくあることなんです。例えば、一番分かりやすいのはコロナによる2020年の東京五輪・パラリンピックですよね。私は7競技の代表選手・チームのメンタルトレーニングを担当していました。それ以外でももっと前に遡れば、代表メンバーから外されたという選手の場合なんかも、目標だった舞台を取り上げられるという意味では一緒なんですよね。

なので、最悪の事態は何か。当時、諒太さんにはあえて言いませんでしたが、私は試合の中止だなと思っていました。中止になったときに、このセッションが彼の人生にどういう意味を持つものにできるか、というふうに切り替えました。

もしも中止になったら、このプロセスで何を学んだかということをやったでしょうね。中止になったことによる学びは何か。中止で何も意味がなかったとは思ってもらいたくないし、人生でそんなこと（何も意味がないなんてこと）はあり得ないので。

そして、もう一つの最悪は何かというと、ふらふらし出しちゃったのに、試合があることです。こっちは本人に言わないといけないので、本人には「あるから」と言ったのはそれです。完全にないと決まるまでは、選手にはあると言わないといけないですから。そのための今日にしなさいと。結果的に、試合があって良かったなと思いましたよね。試合って勝ち負けじゃなくて、試す場所なんです。今までやってきたことを試す場所があるっていうことは、アスリートにとってすごく有り難いことです。東京五輪・パラリンピックもまさにそうでした。

「追い込んでください」と言ってきたアスリートは初めてだったかもしれません。そういう目はするんです、みんな必死なので。でも、口に出して言う人はなかなかいないし、諒太さんの場合も「追い込んでください」が本心だったか、今も分かりません。

諒太さんにはセッションの中で「もっとダメ出しされると思っていたけど、拍子抜けしました」といった趣旨のことを言われました。私が「ダメ出し」しなかったのは、基本的には否定する意味がないというのがあります。否定の根拠がないので。その人がどうなりたいかだけで、その人の責任だから。私の責任ではないわけです。

大事なことを言いましょう。あの部屋でホワイトボードの前に立ったときの私は、私じゃないんです。ミラーなんです。この人（相談者）のミラーなんです。（相談者の言葉を書きだした）ホワイトボードはまさにその人じゃないですか。

私はその人が本当に出したいことを引き出す人間に過ぎません。私じゃないので、「違うんじゃない？」はないわけです。そこはメンタルトレーニングの資格を取ってからもすごく練習しました。ミラーになれていないときは大抵失敗します。超エリートにはバレちゃうんです。だからミラーでいる練習が必要です。

すごく集中しています。なので、とても疲れます。特に諒太さんは1時間で終わらないので（笑）。スコンって入ったら止まらない。私のボールがちゃんとうまく入ってから1時間しゃべります。通常は全部ひっくるめて1時間でおしまいです。集中力を2時間持たせて思考体力のある諒太さんのミラーでい続けることは本当に疲れました。「追い込んでほしい」の言葉が本心だったか分からないと言うのは、本当は人にやってほしい人じゃないはずだからです。諒太さんは自分で自分を追い込める人です。

だから、セッション後のＬＩＮＥで本当に追い込んでいいんですか、私を信用してくださるなら追い込みますって送りました。そうしたら、信用していますので追い込んでくださいと返ってきたので、じゃあ一方的に言っていいんだと思いました。

自分の「追い込む」の定義で「Fight or Flight（闘争か逃走か）」の話までいきました。メンタルトレーニングって、本当は少なくとも4年くらいやりたいんです。1年目はそれまでの自分を捨ててもらい、試す、修正する、実行する作業を繰り返します。諒太さんの場合は延期になったとはいえ、半年間に凝縮しないといけなかったので、どの心理学の理論に基づいてアプローチするか取捨選択した末に、「逃げるな」という話をしました。あのときが一番怖かったです。諒太さんにはまらなかったらどうしようって。

追い込むのって、こっちも結構きついんです。いつも愛情を持っていたいと思っています。温かい空気でいたいんです。私は厳しいやり方をしたくなっちゃう過去があったので、いつも柔らかくしたいと思っています。なぜなら、人生は本人が決めるもの。けっして他人が決めたりできないから。なので、そういう理論もあるんですよ、って情報を伝えるだけにしようとします。

でも、「Fight or Flight」の話はとても大切な話だから、すごく心を込めたかったんです。この心が伝わるかどうかっていう願い、どれだけこれが大切なことかを私がちゃんと伝えられるか、そこは私の勝負でもありました。

そうしたら、すごい怖さとともに諒太さんの中にスコンと入ったみたいだからよかった。ああ、これって怖いことだって思ってくれたからよかったです。

自分から逃げちゃいけないって、すごく怖いことです。相手のせいで勝った負けたは実は楽なんですよ。でも自分のせいで負けることになる。怖いことに僕は向かっていくんだと思ってもらえればいいなと思っていました。

試合1カ月前くらいの頃は夢にもセッションのことが出てきました。私もそれくらい、追い込まれていたのかもしれません。東京オリパラのときもそうでした。大切な人たちが試合をするときは、よっぽど自分が出る方が楽なんじゃないかって思うくらい緊張します。自分で落とし前をつけられないつらさですかね。

試合後は、私も1カ月くらい落ち込んでいました。きつかったです。諒太さんには言えない、おこがましいです。でも、もう悔しくて悔しくて仕方がない、寝られないんです、悔しくて。自分で馬鹿じゃないって笑っちゃうんだけど、すごく泣きました。

3月に入ってから諒太さんに薦められて『愛すること、生きること』（モーガン・スコット・ペック著）を読みながらセッションしていたんです。精神科医が患者にカセクト（自己の境界を超えて自分の外にある対象にひきつけられ、のめりこみ、関わり合うこと）してしまう話があるのですが、自分もそれになっちゃったなと苦笑いしました。

ご本人の言葉を信じるならば、自分で「やれた」とおっしゃっていたから、彼の目的は達成したと思います。満足はできないでしょうけどね、だって勝ってないから。勝ち負けはコントロールできないけど、アスリートは絶対に勝ちたい、負けたくないはずです。それはどんなことであっても。

私もできることは100％出し切りました。たかがメンタルごときで諒太さんが勝てるなんて思わないし、理論上もそんなことはありえないと頭では分かっているけど、勝てなかったことは悔しい。私も学びが足りない、経験が足りないということですから。もしかしたら、自分が60歳、70歳のときにやっていたら、もっとできたのかもしれないと思うからなおさら悔しい。学び続けるエネルギーにするしかないですね。

諒太さんに限らず、一生懸命で真剣な人の話を聞けるこの仕事はとても学びがあります。一生懸命な人の目や空気感は、人間のすごさを学べるんですよね。

諒太さんは悩む勇気があることがすごいと思います。メンタルトレーニングの中でも彼はいっぱい悩み、ご自分が嫌いな自分をたくさん見ました。そういうネガティブな自分をいつもちゃんと出せるというところが私は好きです。そして、諒太さんはそれを言葉で表現できる力があります。いつでもどこでも軽やかに自虐ができるのは一つの才能です。

今回の半年間の記録は、スポーツ心理学においても非常に価値があります。私はこれまで何百人ものアスリートのメンタルトレーニングをしてきましたが、多くの選手が私のところに来ていることさえ知られたくないと思っています。それはメンタルトレーニングを受けているという事実だけで「メンタルが弱い」とレッテルを貼られるからです。ましてや内面や悩みを赤裸々に打ち明けるセッションの中身を見せていいと思える人なんて、おそらく1人もいません。

そんな中で今回、諒太さんがこれを世の中に出そうと思ったことに、私のところに来ているアスリートたちも驚いていました。村田さん、あれを見せる勇気があるってすごいですねというわけです。しかも、諒太さんがすごいのはセッションの中でカメラが回っていようが、私以外にも部屋で聞いている人がいようが、全然変わらないこと。私は彼が少しでも話しやすいようにと、2人だけの時間をつくったこともありましたが、マネジャーさんがいるときとほとんど変わりませんでした。

最後に告白しますと……、今までも諒太さんの試合は観戦したことがありましたが、今回は観戦中とても怖かったです。登場してきたお顔があれだけ「素」だったので、「これは本当にすごい覚悟だ」と思ったから。「mind over matter」（肉体的な困難を気力で乗り越えること）という言葉が頭に浮かんできてしまって。どうしよう、逃げないで闘いすぎちゃったらどうしようって。セッションで逃げるな！なんて言ったことに罪悪感を感じたり。でも、それくらい勇敢で魂のこもったファイトでした。

諒太さんからは多くを学びました。人間の「素」の迫力です。自分の弱さを認め、その弱さの奥底にまで自分を問いただし、本当の自分が何を求めているのか。自分の人生は自分に何を求めているのか。ちゃんと悩み、ちゃんと葛藤した先の「素」の力を見せていただいたと思っています。

村田諒太 × 田中ウルヴェ京

Ryota Murata
Miyako Tanaka-Oulevey
Talk Session

対談

弱さと向き合うし、強さとも向き合う。初めて目が覚めている状況だった

田中　試合から1年たちますけど、メンタルトレーニングのことは覚えていますか。

村田　はい、心の記録をつける作業だったと思っています。人間ってややもすれば自分に都合のいいことしか覚えていないし、汚いところは見ようとしないものですが、この頃はうやむやにしなかった時期でした。弱さと向き合うし、強さとも向き合う。初めて目が覚めている状況だったと思います。

田中　例えば、ロンドン五輪までの時間とかと比べて目覚めの質感とか違いましたか。

村田　素でいられた気がします。自分っぽいというか、まあ、何をやっても自分は自分なんですが、虚栄なくというか。強くあろうとすることだけが虚栄なのではなく、美しくあろうとするのも虚栄なのであれば、間違いなく「虚栄なく」いられたと思いますね。ロンドン五輪のときは美しくあろうとした自分のイメージばかり残っているし、（世界挑戦した）エンダム戦のときも「勝たなきゃ、勝たなきゃ」とずっと思っていたけど、じゃあ、何で勝たなきゃいけないのかという深掘りもないままに、勝たなきゃいけないということばかり考えて1人で苦しんでいました。それが今回は、勝たなきゃいけない、なぜ?、〇〇だから、何のために?……という感じで、より戦う理由を明確にして試合に向かったというのは初めてでした。

田中　それは羨ましいですね。自分も選手時代にそういうことをやりたかったです。

村田　でも、京さんは日記をつけていたんですよね。

田中　はい。でも、人に話せる勇気はなかったです。だから諒太さんはすごいと思います。

村田　どんな日記だったんですか

田中　人には言えない内容です。だから日記に書くんですもの。あれを言える相手を見つけようとも

しなかったですし。

ところで、諒太さんはどうして私には言えたのかしら。

村田　初めてお会いしたのは共通の知人の食事会でしたよね。

田中　はい。そのときは「メンタルって何かうさんくさいですよね」という話をした記憶があります（笑）。

村田　メンタルトレーニングをやってみて効果をあまり感じたことがないんですが、という話をさせてもらった気がします。

田中　そうそう。実はそのとき、諒太さんから「もう少し前に会っていたんですよ」と言われて。諒太さんがまだロンドン五輪の代表になる前、五輪を目指す選手たちが1年中合宿をしているナショナルトレーニングセンターで、ボクシングの強化選手を対象に私が講義をしたのですが、あの中に諒太さんがいたんですね。

村田　はい、いました。あのとき、あるコーチが「『明日からメンタルが強くなる』なんて話を聞いても、メンタルなんて強くならん。それよりも知覧の特攻隊基地でも行けって。戦争に行って死んでいった人たちがいて、今の自分たちがあるんだ」って言われて、みんなで「ハイ!」って。

田中　ハハハ。講義をしたのは覚えているのですが、あそこに諒太さんもいたとは。でも、色々な場でお会いしてあいさつする機会は

あったけど、そんなに深い話することもなかったですよね。

村田　ココロラボ（田中ウルヴェ京がアスリートを招いてトークするBS—TBSの番組）に何年か前に呼んでもらったじゃないですか。あの頃からだと思います、色々とお話させてもらうようになったのは。

田中　はい。番組でご一緒した後、私がメンタルトレーニングを受けたような気分になったのを覚えています。色々と教えてくれる諒太さんのメンタルは面白い、興味深いと思いました。いつ話し出すか分からない人なんです。（心を）開くときと開かないときがある（笑）。

村田　基本的には永遠に閉じっぱなしです。一回開ければ水はどんどん流れ込ませるんですが、開けるまでが長い。しかも僕のカギはどこにあるか分からないところにありますしね。加えて、ノックされるのも嫌な人間ときている。

田中　メンタルトレーニングのオフィスに来ているのに、開いてないことがありますからね。こっちからしたら、何しに来ているのよって感じです（笑）。

村田　えー、そうでしたか。

田中　ソファに座っても心ここにあらずみたいな顔で、この人何しに来たのかな、練習の後でお疲れなのかなとか思いましたよ。でも、コンコン（ノック）すると嫌がるでしょ。「村田城」というのがあるとしたら、私は本丸から遠く離れたお堀をずっと泳いでいる感じです。パチャパチャ音を立てると「ああ京さん、そういえば、こんなことありました」って声がかかるみたいな。

村田　そうかあ。僕は心を開いていないことなんて1回もないと思っていたんだけどな。無理に何か話そうとせず、自然でいられたということだと思うんですよね。

田中　たしかに「お仕事」にはされていなかったですね。でも、誰とも何もしゃべりたくないんですけど、みたいな感じでいらっしゃったこともありましたよ。

村田　本当ですか、それはすみませんでした。

田中　うわあ、今日はしゃべりにくー、聞きにくーって、こっちは。だけど、急に「そういえば……」って話し出すので、ここで？て慌てたりしました。でも、1回話し出すと長いですよね。セッションの時間は諒太さんの中ではあっという間だったのかな。

村田　始めた最初の頃は結構辛かったですね。自分を知る段階で、最初に示されたものが醜い部分や美しくない部分だったので、ホワイトボードに書かれると「きったねえな、俺の心は」って（笑）。書かれると可視化で自覚するんですよね。

田中　だから、「ボードに書かないでください」という人もいます。向き合いたくない、自分で言いっぱなしがいいと。諒太さんは何で嫌じゃなかったんですか。

村田　そもそものスタートが記録を採るということだったからです。

田中　それは自分でつくった「外圧」ですね。

村田　もう一度確認するためにも記録はあってよかったですね。例えば、セッションが終わった後に帰ってから、あんなこと言ってはみたものの、よく考えるとちょっと違ったなと思い直すこととか結構ありました。そこでもう一度深く考えてみる。あとはLINEに書くことが、考えをまとめてくれる効果もありました。

田中　人様の勝ち負けでおこがましいんですけど、試合終わって1カ月くらい悔しくてしょうがなかったです。

村田　僕は今になって、もう少しこうやっていればよかった、ああ

自分を知る段階で、最初に示されたものが醜い部分や美しくない部分

やっていればよかったというのがたくさん出てきています。色々と教えられたなと。とき既に遅しなんですけど、人生ってそんなもんですよね。

僕は試合直後の1カ月間くらいは、終わったという安堵感の方が強かったです。やっぱり2年半の間、ずっと試合ができない中で頑張ってきたので、自由になれたという安堵感が負けた悔しさを中和したというか。

所詮はタラレバだし、負けた相手に勝てるなんて言うのも嫌なのですが、勝てない相手ではなかったです。そこの無念さはやっぱりあります。でも、そんなものは永遠に追いかけるときりがないですから。僕の中ではアンフィニッシュド・ビジネス（やり残した仕事）ではない、もう終わったストーリーです。

田中　試合を終えて、伝えたいメッセージがあるとしたら何ですか。

村田　弱くてもいいいし、汚くてもいいというか、プロアスリートでもこういうものなんだと、みんなに安心を覚えてもらいたいですね。村田諒太でもこんなもんなんだ、自分も自分のままでいいんだと思ってもらいたい。悩みを抱えている人たちに共感と安心をもってもらえるといいかなと。ああなりなさい、こうなりなさいとは、

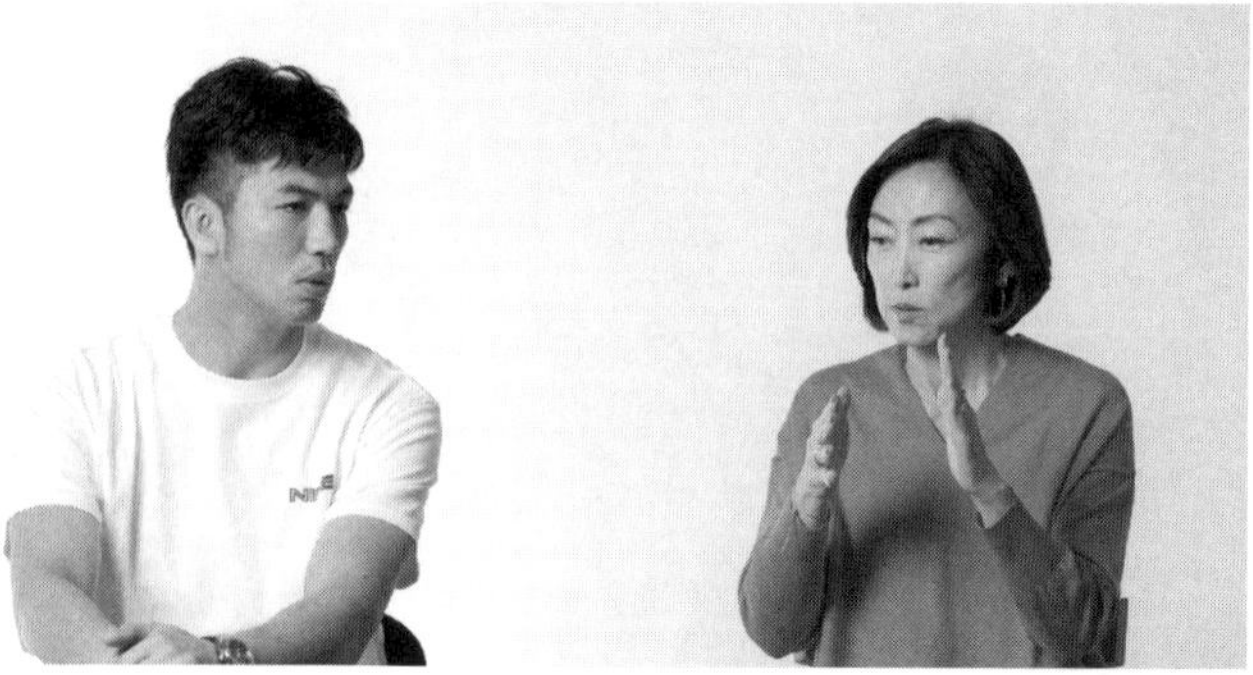

恐怖に打ち勝つ という言葉もあるけど、恐怖は引き連れていくもの

僕は言いたくないんです。自分らしく進んでいこうよと、いうことですね。

田中　そうすると、「弱い」とか「汚い」とかセッションの中でいっぱい出したけど、パフォーマンスにはどう影響しましたか。

村田　普段通りの自分で試合に入れました。普段以上のものは出せないです。普段通りのものを出せるという意味ではものすごく効果はあったと思います。ただ、みんながメンタルトレーニングに期待しているのは普段以上の力が出せるとか、試合が楽しめるということだと思う。そうじゃないんだよ、というのが僕の言いたいことです。

田中　私もそう思います。いつも通りしか出せないですよね。練習を100の力でやって、そのうち試合でいくつ出せるか。いつも通りなんて出せたら最高です。

村田　間違いないですね。相手も環境も練習とは違うわけだから。そこは伝えたいですね。メンタルトレーニングやるとメンタルが強くなっていつも以上の力を出せると思われがちだけど、僕の感覚では全然違う。恐怖に打ち勝つという言葉もあるけど、恐怖なんてものは引き連れていくものなんだと今回思いました。

田中　超トップレベルのアスリートだから言えることでもありま

す。普通の中学生がメンタルトレーニングをやると、いつも以上のことができることはたしかにあります。なぜなら「いつも」のレベルがまだ低くて成長途上だからです。それは単に自分をまだ理解できていないということ。でも、諒太さんのような人たちは既に自分のメンタルなんて知っているんです。だから、私がセッションでやったのは「深めた」だけ。特に今回は「目的の意味を深める」というメンタルトレーニングでした。

村田　メンタルトレーニングにも色々な種類があるということですね。イメージトレーニングもそうだし、自己理解もそうだし、ポジティブシンキングもそうかもしれない。

田中　自分なんかダメだと思って、その思考が行動にも悪く影響しているのならば、いわゆる基本的なポジティブシンキングの手法は有効です。

村田　その人に合うやり方をカスタマイズしなければいけないということですね。

田中　メンタルトレーニング指導の専門家は、複数の選択肢を持っていないといけません。ポジティブシンキングしかないと、諒太さんみたいな人にはちょっと違うなとなって、メンタルトレーニングって変だなと思われてしまう。

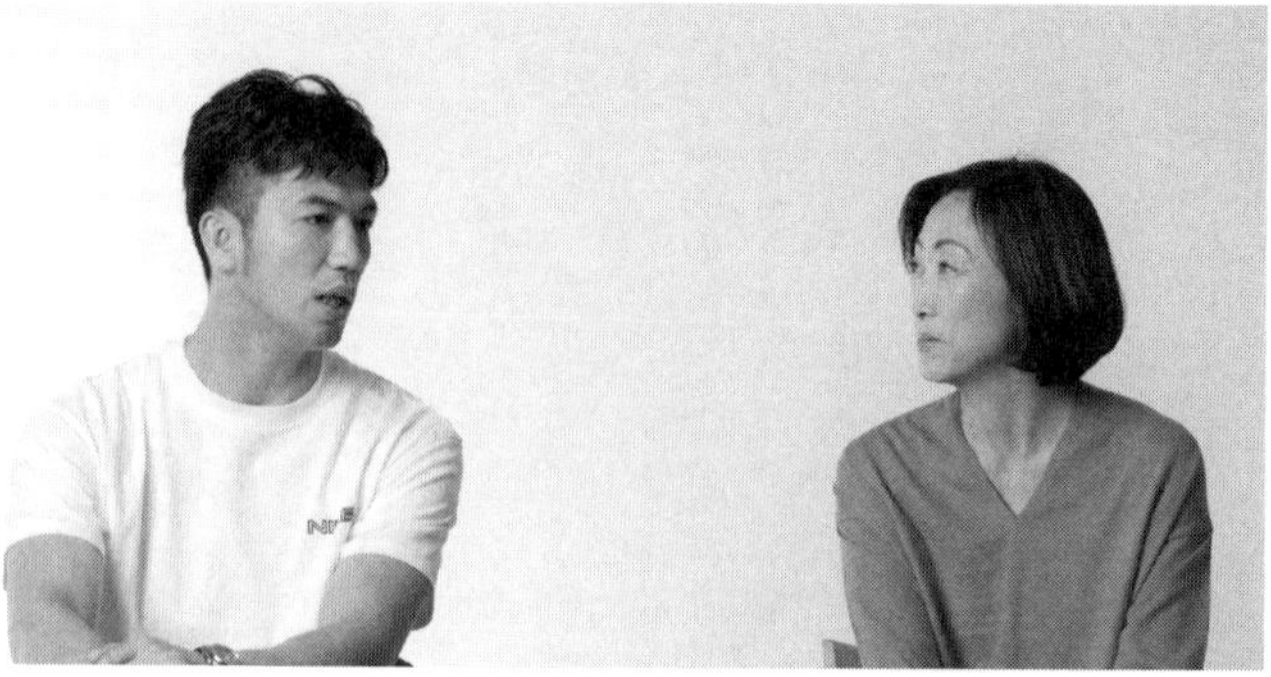

村田　ポジティブになることがそもそもの目的みたいになってしまう可能性があります。

田中　メンタルのためのメンタルトレーニングになってしまうということですね。でも諒太さんがやったのは行動のためのメンタルでしたから。

ところで、この先もまだメンタルトレーニングを続けますか。

村田　これ以上人生で困ることあるのかな。京さん助けてください、メンタルが……って。

田中　今までも「助けてください」なんて言ったことないじゃないですか。

村田　いや、僕の中では「ちょっと話、聞いてください」は助けてくださいに近いですよ。

田中　現役に未練はあるんですか。

村田　この1週間で3回ほど帝拳ジムに行って練習したんです。試合終わってから1度も行ってなかったんですが、ゴロフキン戦の映像を見返したら「もっとやれたな」という思いが出てきて。カルロス（リナレス・トレーナー）にミットを持ってもらったんですが、まだ全然動けるし、ゴロフキン戦で学んだこともいっぱいあるから、続けて練習すればもっといけるという気持ちもあります。

一方で、明確な目的や目標もない自分がここにずっと居座ることってどうなんだろうとも思ってしまったんです。僕がジムに行って練習すれば、その分、他の若い選手の練習場所やトレーナーにミットを持ってもらう機会を奪うことになりますから。

那須川天心とかも練習していて、ふと思いました。俺がずっとこの数年、ジムの中心選手としてやってきたけど、新しい子たちが出てきて、会長もトレーナーもすごく一生懸命指導している。彼らのサポートに回るのが自分の役目なんじゃないかと。居場所がなくなったのではなく、居場所が移動するのだと受け止めています。

田中　居場所の話、もうちょっと突っ込みたいですね。本当にこれでいいのかと確認したいです。なぜなら、自分が引退した3年後、5年後、10年後にあのとき、あの引退の仕方でよかったのかと考えることがありました。

村田　なるほど……。

田中　確認したからといって、どうなることでもないんです。ただ、60歳代の人が退職するときも同じ感覚だと思います。自分は体力的にも能力的にもまだやれる、でも自分の居場所はここにはないんじゃないか、退職した方がいいんじゃないか、僕は邪魔な石になっているんじゃないかと、みんな悩みます。そこの格闘はちゃんとしておいた方がいい。人生の大きなトランジションだから、ちょっとつらいですけど。

村田　俺はこれでいいんだ、ってすっきりした気持ちになっていたのに、そう言われるとまた迷っちゃうな……。

田中　すっきりしていていいんだけど、本当にその「すっきり」でいいですか、ってことだよね。

村田　そのすっきりでいいか、か……。でも、俺にはもうボクシングに求めるものがないんだよな。自分が技術的なものを高めるとか、もっと強くなれるという気持ちはあるんですけど、京さんのおかげでありのままの自分でゴロフキン戦に向かっていけたわけじゃないですか。あれだけの大舞台で多くの人に見守られる中で戦って、そして負けた。それがあのときの僕の実力だったわけです。でも、そこからはい上がって見せたいものがないのか、と言われれば、ないとも言い切れないか……。

田中　たぶん、言葉にしたら、思っていたことと違うこともあるはずです。

村田　じゃあ、ここから半年間とかボクシング頑張れるかと言われれば、別に嫌じゃないですね。いけると思います。いや、ない、やっぱりやらない！　ボクシングの技術、フィジカルはつくることができるとしても、あのとき以上の心をつくれる自信がないです。あのときみたいに本気になれないと思います。100を出せないですね。ゴロフキン戦のように、本当に心の底から向き合って逃げない状況を自分でもう一度つくれる自信がないです。

田中　うん、それならばそれでいいと思います。諒太さんにとって、それだけゴロフキン戦はすごいことやったということなんでしょうね。

村田　すごいことをしたなんて自分では言いませんが、ゴロフキン戦があったから、2年4カ月間、頑張れたのは間違いないです。そう考えると、あれ以上に自分と向き合える気がしない。どこかで抜けちゃう気がします。ここに全てを懸ける、というのができない。ボクシングの強さを求めるためならできるけど、そんなのはもういらないです。僕の精神とか人間性を高めてくれるものになるかというと、ならない気がします。

田中　ボクシングの山は登り切ったのかもしれないですね。

村田　そうだと思います。

田中　だとすると、ボクシングの山はすごく愛でたいです。それだけ自分にとって学びのある山だったということだから。次の山を見つけるのは苦しいかもしれないけど、その経験もまた人生に意味を与えてくれます。

村田　次の山か……、どこに登ろうかな…。

NIKE

折《お》れない自分《じぶん》をつくる
闘《たたか》う心《こころ》

2023年4月27日　初版発行

著　者　村田《むらた》 諒太《りょうた》
発行者　山下 直久
発　行　株式会社KADOKAWA
〒102-8177　東京都千代田区富士見2-13-3
電話　0570-002-301（ナビダイヤル）
印刷所　凸版印刷株式会社
製本所　凸版印刷株式会社

●お問い合わせ
https://www.kadokawa.co.jp/（「お問い合わせ」へお進みください）
※内容によっては、お答えできない場合があります。
※サポートは日本国内のみとさせていただきます。
※Japanese text only

定価はカバーに表示してあります。

ISBN 978-4-04-897525-4 C0095